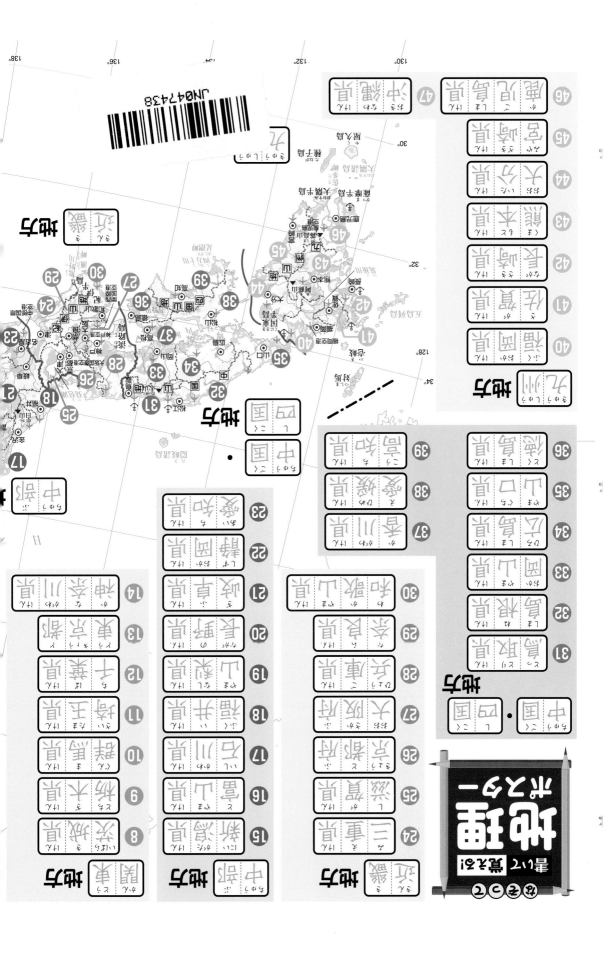

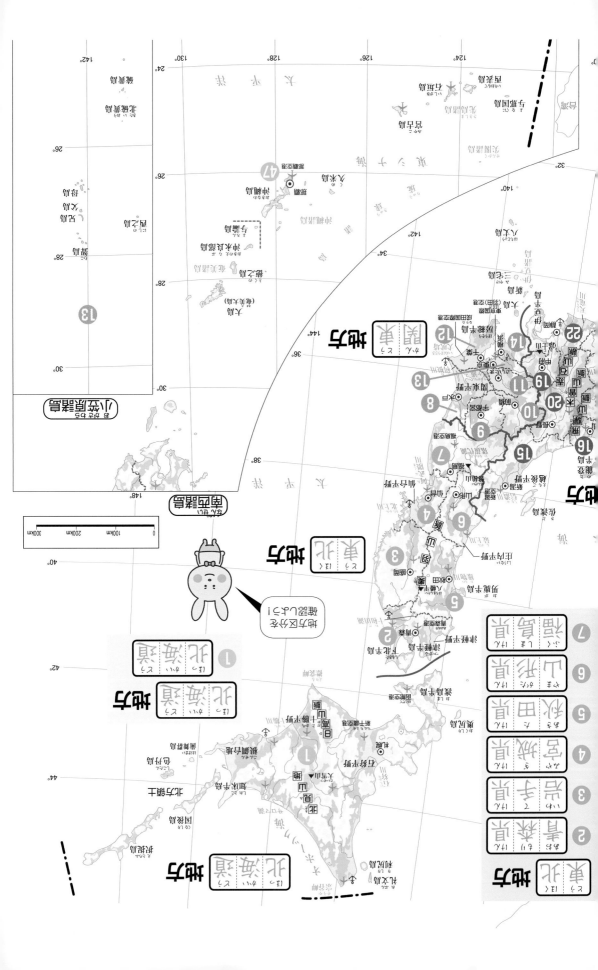

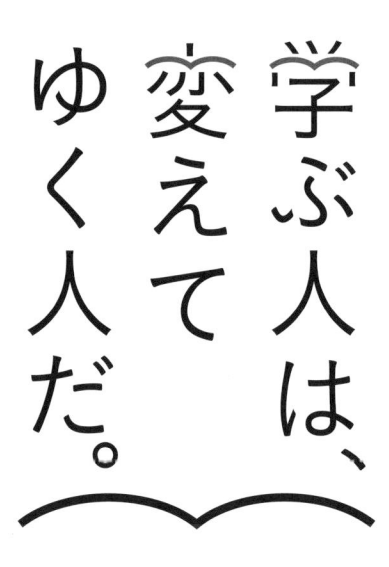

学ぶ人は、
変えて
ゆく人だ。

目の前にある問題はもちろん、

人生の問いや、

社会の課題を自ら見つけ、

挑み続けるために、人は学ぶ。

「学び」で、

少しずつ世界は変えてゆける。

いつでも、どこでも、誰でも、

学ぶことができる世の中へ。

旺文社

とってもやさしい

中学地理

これさえあれば

授業がわかる

改訂版

旺文社

は じ め に

　この問題集は，社会が苦手な人にとって「やさしく」社会の勉強ができるように作られています。

　中学校の社会を勉強していく中で，社会科用語が覚えられない，グラフや地図などたくさんの資料が出てきて難しい，と感じている人がいるかもしれません。そういう人たちが基礎から勉強をしてみようと思ったときに手助けとなる問題集です。

　『とってもやさしい中学地理　これさえあれば授業がわかる　改訂版』では，本当に重要な地名や用語にしぼり，それらをていねいにわかりやすく解説しています。また，1単元が2ページで，コンパクトで学習しやすいつくりになっています。

　左のまとめのページでは，地図やイラストを豊富に用いて，必ずおさえておきたい重要なことがらだけにしぼって，やさしく解説しています。

　右の練習問題のページでは，学習したことが身についたかどうか，確認できる問題が掲載されています。わからないときはまとめのページを見ながら問題が解ける構成になっていますので，自分のペースで学習を進めることができます。

　この本を1冊終えたときに，みなさんが地理のことを1つでも多く「わかる！」と感じるようになり，「もっと知りたい！」と思ってもらえたらとてもうれしいです。みなさんのお役に立てることを願っています。

株式会社　旺文社

本書の特長と使い方

1単元は2ページ構成です。左のページで学習内容を理解したら、右のページの練習問題に取り組みましょう。

◆左ページ

なぜ学ぶの？　学ぶとどんなふうに役立つのか、どんなことができるようになるのかを具体的に説明しています。

これが大事！　大事なポイントが見出しを読むだけでもわかるようになっています。本当に大事なポイントにしぼって説明しています。

◆右ページ

ムダイ！これだけ　最低限覚えておくことを示しています。

左のページの解説を読めば解ける問題で理解できたかどうかを確認します。

◆おさらい問題

複数の単元のおさらいです。問題を解くことで、章全体の学習内容が身についているかどうかしっかり確認できます。

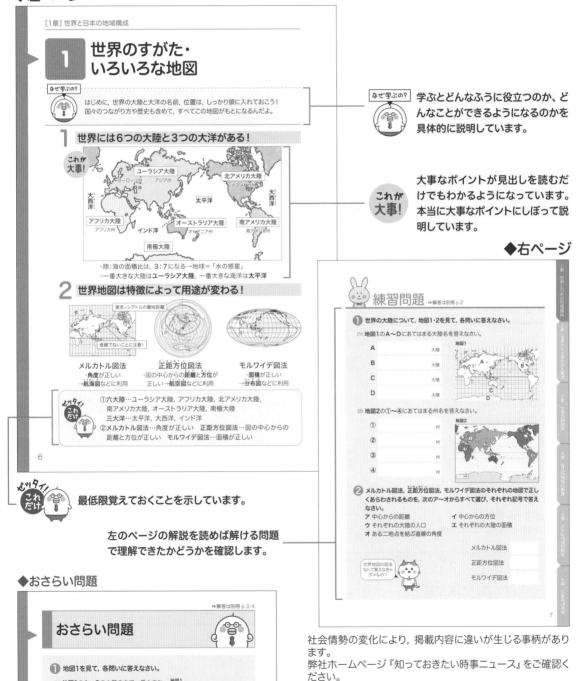

社会情勢の変化により、掲載内容に違いが生じる事柄があります。
弊社ホームページ『知っておきたい時事ニュース』をご確認ください。
https://www.obunsha.co.jp/pdf/support/jiji_news.pdf

もくじ

6章　日本の諸地域

スタッフ
編集協力：株式会社 友人社
校正：須藤みどり　株式会社 東京出版サービスセンター
本文デザイン：TwoThree
カバーデザイン：及川真咲デザイン事務所（内津剛）
組版：株式会社 インコムジャパン
イラスト：福田真知子（熊アート）　アサミナオ

Web上でのスケジュール表について

下記にアクセスすると1週間の予定が立てられて、ふり返りもできるスケジュール表（PDFファイル形式）をダウンロードすることができます。ぜひ活用してください。

https://www.obunsha.co.jp/service/toteyasa/

1 世界のすがた・いろいろな地図

なぜ学ぶの？

はじめに，世界の大陸と大洋の名前，位置は，しっかり頭に入れておこう！
国々のつながり方や歴史も含めて，すべてこの地図がもとになるんだよ。

1 世界には6つの大陸と3つの大洋がある！

これが
大事！

- 陸：海の面積比は，3：7になる→地球＝「水の惑星」
- 一番大きな大陸は**ユーラシア大陸**，一番大きな海洋は**太平洋**

2 世界地図は特徴によって用途が変わる！

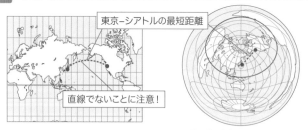

東京−シアトルの最短距離

直線でないことに注意！

メルカトル図法
・**角度**が正しい
→**航海図**などに利用

正距方位図法
・図の中心からの**距離**と**方位**が
正しい→**航空図**などに利用

モルワイデ図法
・**面積**が正しい
→**分布図**などに利用

ゼッタイ！
これ
だけ

①**六大陸**…ユーラシア大陸，アフリカ大陸，北アメリカ大陸，
南アメリカ大陸，オーストラリア大陸，南極大陸
三大洋…太平洋，大西洋，インド洋
②**メルカトル図法**…角度が正しい　**正距方位図法**…図の中心からの
距離と方位が正しい　**モルワイデ図法**…面積が正しい

練習問題 →解答は別冊 p.2

① 世界の大陸について，地図1・2を見て，各問いに答えなさい。

(1) 地図1のA〜Dにあてはまる大陸名を答えなさい。

A ＿＿＿＿＿＿＿ 大陸

B ＿＿＿＿＿＿＿ 大陸

C ＿＿＿＿＿＿＿ 大陸

D ＿＿＿＿＿＿＿ 大陸

地図1

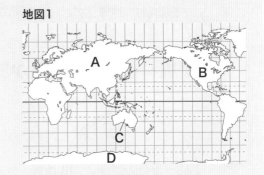

(2) 地図2の①〜④にあてはまる州名を答えなさい。

① ＿＿＿＿＿＿＿ 州

② ＿＿＿＿＿＿＿ 州

③ ＿＿＿＿＿＿＿ 州

④ ＿＿＿＿＿＿＿ 州

地図2

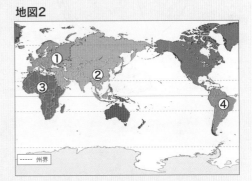

② メルカトル図法，正距方位図法，モルワイデ図法のそれぞれの地図で正しくあらわされるものを，次のア〜オからすべて選び，それぞれ記号で答えなさい。

ア 中心からの距離 　　イ 中心からの方位

ウ それぞれの大陸の人口 　エ それぞれの大陸の面積

オ ある二地点を結ぶ直線の角度

メルカトル図法 ＿＿＿＿＿＿＿

正距方位図法 ＿＿＿＿＿＿＿

モルワイデ図法 ＿＿＿＿＿＿＿

世界地図の図法なんて覚えなきゃダメなの？

1章 世界と日本の地域構成
2章 世界の人々の生活と環境
3章 世界の諸地域
4章 身近な地域の調査
5章 日本の地域的特色
6章 日本の諸地域

2 緯度・経度と地球上の位置

緯度・経度は, ある地点の世界地図上での住所を示すために使われるよ。これらを使えば, 地球上のどんな場所の位置も特定することができるんだ。

1 緯線・経線がどの線かおさえる!

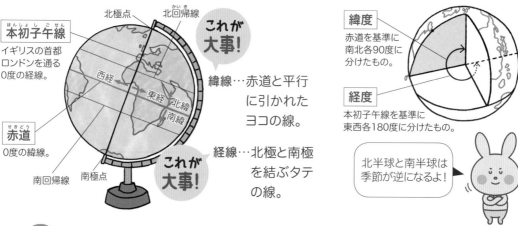

北極点　北回帰線

本初子午線
イギリスの首都ロンドンを通る0度の経線。

西経

東経　北緯
南緯

赤道
0度の緯線。

南回帰線　南極点

これが大事!

緯線…赤道と平行に引かれたヨコの線。

これが大事!

経線…北極と南極を結ぶタテの線。

緯度
赤道を基準に南北各90度に分けたもの。

経度
本初子午線を基準に東西各180度に分けたもの。

北半球と南半球は季節が逆になるよ!

2 緯度・経度を使うとどんな場所もあらわすことができる!

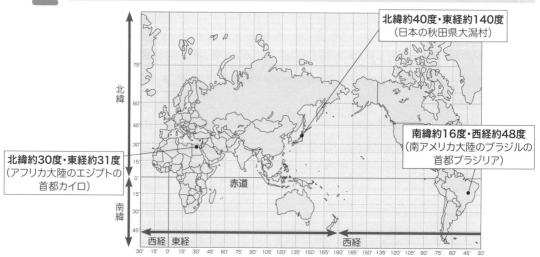

北緯約40度・東経約140度
（日本の秋田県大潟村）

南緯約16度・西経約48度
（南アメリカ大陸のブラジルの首都ブラジリア）

北緯約30度・東経約31度
（アフリカ大陸のエジプトの首都カイロ）

北緯

南緯

赤道

西経　東経　西経

ゼッタイ! これだけ

①緯線…ヨコの線。赤道を基準に, 南北をそれぞれ90度に分ける
②経線…タテの線。本初子午線を基準に, 東西をそれぞれ180度に分ける

1章 世界と日本の地域構成

2章 世界の人々の生活と環境

3章 世界の諸地域

4章 身近な地域の調査

5章 日本の地域的特色

6章 日本の諸地域

練習問題 →解答は別冊 p.2

❶ 図のA〜Dにあてはまることばを答えなさい。

図

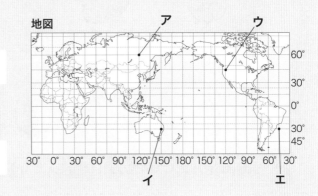

A 〔　　　　　　　　〕線 （0度を通る）

B 〔　　　　　　　　〕 （0度を通る）

C 〔　　　　　　　　〕線 （Bと平行のヨコの線）

D 〔　　　　　　　　〕線 （北極と南極を結ぶタテの線）

❷ 次の①・②が示す位置を，地図中のア〜エから1つずつ選び，記号で答えなさい。

①北緯45度・西経120度

〔　　　　　〕

②南緯30度・東経150度

〔　　　　　〕

地図

ア　　ウ

イ　　エ

60°
30°
0°
30°
45°

30° 0° 30° 60° 90° 120° 150° 180° 150° 120° 90° 60° 30°

始まったばっかり
だけどつかれた…。
もうダメ…。

3 世界の国々

なぜ学ぶの?

世界には190あまりもの国々があるけれど、日本とはいろいろとちがう面をもっているよ。まずは人口や面積、地理的な条件を頭に入れることで、その国のおおまかな特徴をつかむことができるよ。

1 面積1位，人口1位の国はどこ?

1位
ロシア連邦
日本の約45倍

2位
カナダ
日本の約26倍

3位
アメリカ合衆国
日本の約26倍

4位
中国
日本の約25倍

面積が一番小さい国はバチカン市国だよ（約0.4km²）。

これが大事!

〈人口が多い国〉

1位 **中華人民共和国（中国）**
（約14億3900万人）

2位 **インド**
（約13億8000万人）

3位 **アメリカ合衆国**
（約3億3100万人）

4位 **インドネシア**
（約2億7400万人）

…

11位 **日本**
（約1億2600万人）

（データは2020年）『世界国勢図会20／21』

2 海に面しているか，面していないかもポイント!

国境…国と国との境界のこと

緯線・経線などを利用した直線的な国境線

内陸国
国土が海に面していない

0°

島国（海洋国）
国土が海に囲まれている

ゼッタイ!これだけ

①面積1位…**ロシア**，人口1位…**中国**
②**内陸国**…海に面していない　**島国（海洋国）**…海に囲まれている

練習問題 ➡解答は別冊 p.2

1章 世界と日本の地域構成

2章 世界の人々の生活と環境

3章 世界の諸地域

4章 身近な地域の調査

5章 日本の地域的特色

6章 日本の諸地域

❶ 図を見て，各問いに答えなさい。

(1) **図**は世界の国の中で，面積の大きい国1位〜4位を表している。**A**にあてはまる国を答えなさい。

図

1位
A
日本の約45倍

2位
日本の約26倍

3位
日本の約26倍

4位
日本の約25倍

(2) **図**の国の中には，世界の国の中で人口が1位の国が含まれている。その国の名前を答えなさい。

❷ 次の地図のA〜Dの国は，①「内陸国」②「島国（海洋国）」のどちらにあてはまるか。それぞれ，①か②のどちらかの記号で答えなさい。

A ⬜   B ⬜

C ⬜   D ⬜

地図

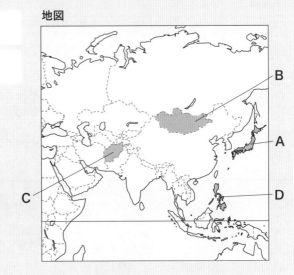

覚えるしかないか…。

4 日本の国土・領域

なぜ学ぶの?

日本という国はどこからどこまでを指すのかな？　ニュースでよくとりあげられている，水産資源の問題や，領土問題に関係する単元だよ。

1 国の領域をあらわすときのポイント！

これが大事！

排他的経済水域
海岸線から**200海里**以内の海（領海を除く）。水産資源や鉱産資源を管理することができる。

日本は島国で離島が多いため，排他的経済水域が広い。

公海

基線　12海里　200海里

領空 領土と領海の上空。

領土 その国の権力が及ぶ陸地。

領海 海岸線から12海里までの海。

※1海里＝1852m
※基線とは干潮時の海岸線のこと

2 日本の範囲はここからここまで！

これが大事！

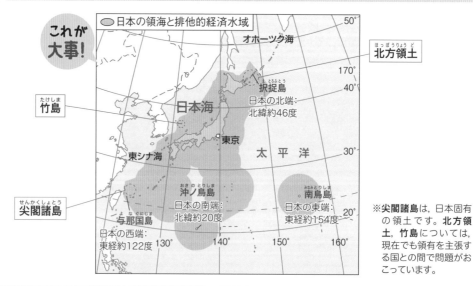

日本の領海と排他的経済水域

オホーツク海

北方領土

択捉島
日本の北端：
北緯約46度

竹島

日本海

東京

太平洋

東シナ海

尖閣諸島

沖ノ鳥島
日本の南端：
北緯約20度

南鳥島
日本の東端：
東経約154度

与那国島
日本の西端：
東経約122度

50°　170°　40°　30°　20°　160°
130°　140°　150°

※**尖閣諸島**は，日本固有の領土です。**北方領土**，**竹島**については，現在でも領有を主張する国との間で問題がおこっています。

ゼッタイ！ これだけ

①国の領域…領空，領土，領海

②日本の北端…択捉島，南端…**沖ノ鳥島**，東端…**南鳥島**，西端…**与那国島**

1章 世界と日本の地域構成

2章 世界の人々の生活と環境

3章 世界の諸地域

4章 身近な地域の調査

5章 日本の地域的特色

6章 日本の諸地域

練習問題 →解答は別冊 p.2·3

① 国の領域について，図を見て，各問いに答えなさい。

(1) 図の**A～C**にあてはまることばを答えなさい。

A ◻

B ◻

C ◻

図

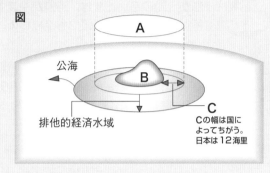

公海

A

B

C

排他的経済水域

Cの幅は国によってちがう。日本は12海里

(2) 図の排他的経済水域は，海岸線から何海里までの範囲（**C**を除く）をいうか，答えなさい。

◻ 海里

② 右の地図の**A～C**にあてはまる島の名前を，次のア～エから1つずつ選び，記号で答えなさい。

ア 与那国島　イ 択捉島
ウ 南鳥島　　エ 沖ノ鳥島

A ◻

B ◻

C ◻

地図

もうやりたくないな～。

5 日本と世界各国との時差

なぜ学ぶの?

日本が朝をむかえるとき，アメリカのニューヨークはまだ夕方なんだよ。経度の<ruby>経<rt>けい</rt></ruby>度の
ちがう国のあいだでは，時差が生まれるんだ。時差の求め方を覚えておくと，外
国への旅行のときなどにも役立つよ。

これが
大事！

- 経度が違うと，太陽の光があたる時刻が異なるため，時差が生じる。
- 地球は1日（24時間）に1回転（360度）するので，

$$360（度）÷ 24（時間）= 15（度）⇒ 経度15度で1時間の時差。$$

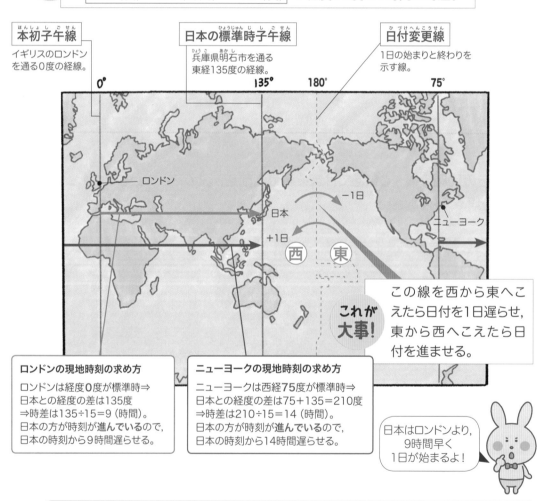

本初子午線
イギリスのロンドン
を通る0度の経線。

日本の標準時子午線
兵庫県明石市を通る
東経135度の経線。

日付変更線
1日の始まりと終わりを
示す線。

0°　135°　180°　75°

ロンドン

－1日

日本
ニューヨーク

＋1日

西　東

これが
大事！

この線を西から東へこ
えたら日付を1日遅らせ，
東から西へこえたら日
付を進ませる。

ロンドンの現地時刻の求め方
ロンドンは経度0度が標準時⇒
日本との経度の差は135度
⇒時差は135÷15＝9（時間）。
日本の方が時刻が進んでいるので，
日本の時刻から9時間遅らせる。

ニューヨークの現地時刻の求め方
ニューヨークは西経75度が標準時⇒
日本との経度の差は75＋135＝210度
⇒時差は210÷15＝14（時間）。
日本の方が時刻が進んでいるので，
日本の時刻から14時間遅らせる。

日本はロンドンより，
9時間早く
1日が始まるよ！

ゼッタイ！
これ
だけ

① 日付変更線…西から東へこえると日付を1日遅らせ，東から西へこ
えると日付を1日進ませる
② 時差…経度15度で1時間の時差が生じる

1章 世界と日本の地域構成

2章 世界の人々の生活と環境

3章 世界の諸地域

4章 身近な地域の調査

5章 日本の地域的特色

6章 日本の諸地域

練習問題 →解答は別冊 p.3

① 経線について，地図1 を見て，各問いに答えなさい。

(1) 地図1のA・B にあてはまることばを答えなさい。

A ［　　　　　　　　　］線　（0度の経線）

B ［　　　　　　　　　］線

(2) 日本の標準時の基準になっている，
　地図1のXの線の経度は何度か，

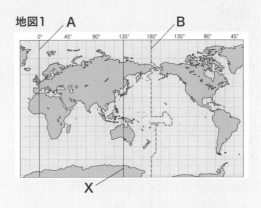

地図1

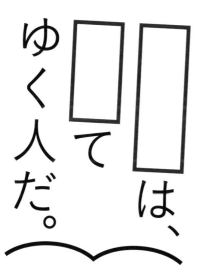

地図2

時差計算
わからないよ…。

6 日本の地方区分と都道府県

なぜ学ぶの？

日本には1都1道2府43県があるよ。まずは日本の各地域の場所をつかんでおこう。場所を知っていると，このあと各地域の気候や産業の勉強をするときに役に立つよ。

これが大事！

----- 地方界

〈道県名と道県庁所在地名が異なる道県〉

札幌市（北海道）	**盛岡市**（岩手県）
仙台市（宮城県）	**前橋市**（群馬県）
宇都宮市（栃木県）	**水戸市**（茨城県）
さいたま市（埼玉県）	**横浜市**（神奈川県）
甲府市（山梨県）	**名古屋市**（愛知県）
津市（三重県）	**金沢市**（石川県）
大津市（滋賀県）	**神戸市**（兵庫県）
松江市（島根県）	**高松市**（香川県）
松山市（愛媛県）	**那覇市**（沖縄県）

北海道は近畿地方と中国・四国地方を足したのと同じくらい大きいんだよ。

北海道地方
北海道
青森県
秋田県
岩手県
東北地方
山形県
宮城県
中部地方
新潟県
福島県
石川県
富山県
栃木県
群馬県
茨城県
関東地方
中国・四国地方
滋賀県
福井県
岐阜県
長野県
埼玉県
鳥取県
兵庫県
京都府
山梨県
東京都
島根県
岡山県
愛知県
静岡県
千葉県
広島県
大阪府
奈良県
三重県
神奈川県
山口県
香川県
徳島県
和歌山県
福岡県
愛媛県
佐賀県
大分県
高知県
近畿地方
長崎県
熊本県
宮崎県
鹿児島県
沖縄県

九州地方

ゼッタイ！これだけ 日本の地方区分…九州地方，中国・四国地方，近畿地方，中部地方，関東地方，東北地方，北海道地方

練習問題 →解答は別冊 p.3

1章 世界と日本の地域構成

2章 世界の人々の生活と環境

3章 世界の諸地域

4章 身近な地域の調査

5章 日本の地域的特色

6章 日本の諸地域

1 地図のA～Gにあてはまる地方名を答えなさい。

A 　　　　　　　　　　地方

B 　　　　　　　　　　地方

C 　　　　　　　　　　地方

D 　　　　　　　　　　地方

E 　　　　　　　　　　地方

F 　　　　　　　　　　地方

G 　　　　　　　　　　地方

地図

地方に分ける
意味ある?
日本は1つでしょ?

2 都道府県について, 各問いに答えなさい。

(1) 北海道の道庁所在地はどこか, 答えなさい。

　　　　　　　　　　市

(2) 愛知県の県庁所在地はどこか, 答えなさい。

　　　　　　　　　　市

おさらい問題

① 地図1を見て，各問いに答えなさい。

(1) 地図1の**A～C**の大陸の中で一番大きな
大陸，**D～F**の海洋の中で一番大きな海
洋をそれぞれ1つずつ選び，記号で答え
なさい。

地図1

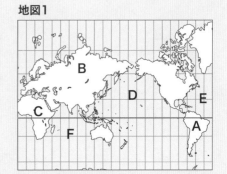

一番大きな大陸

一番大きな海洋

(2) 地図1はメルカトル図法であらわされている。この図法の地図について正
しく説明したものを，次の**ア～ウ**から1つ選び，記号で答えなさい。
ア 角度が正しく，航海図などに利用される
イ 図の中心からの距離と方位が正しく，航空図などに利用される
ウ 面積が正しく，分布図などに利用される

② 地図2を見て，各問いに答えなさい。

(1) 地図2中の**A**の0度の経線，**B**
の0度の緯線をそれぞれ何とい
うか，答えなさい。

地図2

A

B

(2) 地図2中の東京の位置を，次の**ア～エ**から1つ選び，記号で答えなさい。
ア 北緯36度　東経140度　**イ** 北緯36度　西経140度
ウ 南緯36度　東経140度　**エ** 南緯36度　西経140度

❸ 地図3を見て，次の問いに答えなさい。

(1) **地図3**中のAは，海岸線から200海里（領海を除く）の日本の水域をあらわしている。この水域を何というか，答えなさい。

地図3
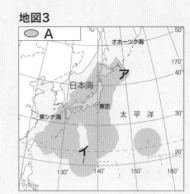

(2) **地図3**中のアは日本の北端の島，イは南端の島を示している。あてはまる島の名前をそれぞれ答えなさい。

ア _____　イ _____

❹ 地図4を見て，各問いに答えなさい。

(1) **地図4**中のAは，日本の標準時子午線を示している。この経線が通る都市はどこか，答えなさい。

_____ 県 _____ 市

地図4
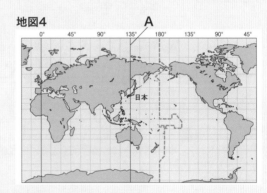

(2) 日本が9月15日午前2時のとき，ロサンゼルス（標準時子午線は西経120度）は何月何日の何時になるか，答えなさい。

❺ 地図5中のア・イの県名と県庁所在地名をそれぞれ答えなさい。

ア _____ 県
_____ 市

イ _____ 県
_____ 市

地図5

19

1 世界の気候

なぜ学ぶの?
世界には，1年中寒いところや暑いところなど，さまざまな気候がみられるよ。気候はその地域の衣食住に大きな影響を与えるから，世界の国々について学習する前にきちんとおさえておこう。

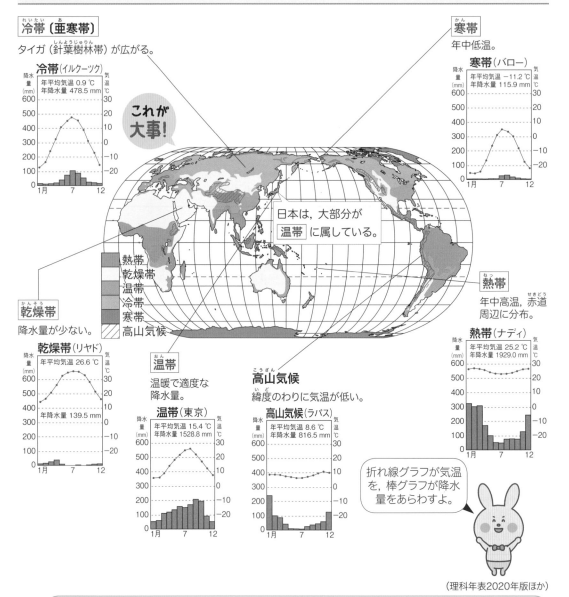

冷帯〔亜寒帯〕
タイガ（針葉樹林帯）が広がる。
冷帯（イルクーツク）
年平均気温 0.9℃
年降水量 478.5 mm

これが大事！

寒帯
年中低温。
寒帯（バロー）
年平均気温 −11.2℃
年降水量 115.9 mm

日本は，大部分が温帯に属している。

熱帯
乾燥帯
温帯
冷帯
寒帯
高山気候

熱帯
年中高温，赤道周辺に分布。
熱帯（ナディ）
年平均気温 25.2℃
年降水量 1929.0 mm

乾燥帯
降水量が少ない。
乾燥帯（リヤド）
年平均気温 26.6℃
年降水量 139.5 mm

温帯
温暖で適度な降水量。
温帯（東京）
年平均気温 15.4℃
年降水量 1528.8 mm

高山気候
緯度のわりに気温が低い。
高山気候（ラパス）
年平均気温 8.6℃
年降水量 816.5 mm

折れ線グラフが気温を，棒グラフが降水量をあらわすよ。

（理科年表2020年版ほか）

ゼッタイ これだけ 世界の気候帯…寒帯，冷帯〔亜寒帯〕，温帯，熱帯，乾燥帯

1章 世界と日本の地域構成

2章 世界の人々の生活と環境

3章 世界の諸地域

4章 身近な地域の調査

5章 日本の地域的特色

6章 日本の諸地域

練習問題 →解答は別冊 p.4

① 世界の気候について，地図を見て，各問いに答えなさい。

(1) 地図のA〜Eにあてはまる気候帯名を答えなさい。

A ＿＿＿＿＿＿＿＿ 帯

B ＿＿＿＿＿＿＿＿ 帯

C ＿＿＿＿＿＿＿＿ 帯

D ＿＿＿＿＿＿＿＿ 帯

E ＿＿＿＿＿＿＿＿ 帯

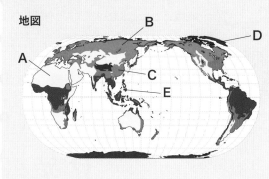

地図

(2) Aの気候帯で多く見られる，植物が育たず石や砂などからなる土地を何というか，答えなさい。

(3) Bの気候帯で多く見られる針葉樹林帯を何というか，カタカナで答えなさい。

(4) 右の雨温図のような，年中高温で，年降水量が多い気候帯は，地図のA〜Eのなかのどれにあてはまるか，記号で答えなさい。

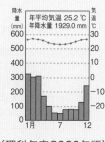

（理科年表2020年版）

暑いのキライだよ〜。

2 世界の宗教

なぜ学ぶの？

宗教には，神や仏の教えを信じることで，人々に心のよりどころや安らぎを与える役割があるよ。それぞれ，教祖や経典，また習慣などに違いがみられるんだ。地域ごとに信仰されている宗教に傾向があるので，おおまかにおさえておこう。

これが大事！ 三大宗教…仏教，キリスト教，イスラム教

ヒンドゥー教
インドで古くから発展してきた。牛を神聖な動物としている。

キリスト教　経典：聖書
イエス＝キリストによって開かれた。カトリック，プロテスタントなどの多くの宗派がある。

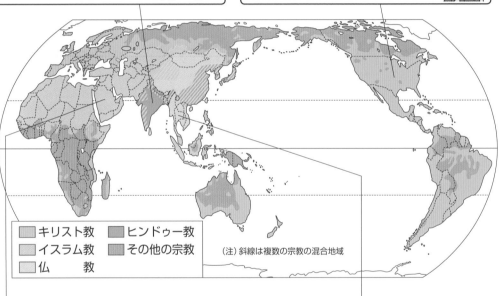

キリスト教 ／ ヒンドゥー教
イスラム教 ／ その他の宗教
仏　　教

（注）斜線は複数の宗教の混合地域

イスラム教　経典：コーラン
ムハンマドによって開かれた。聖地はメッカ。1日5回の礼拝や断食の時期がある，飲酒や豚肉を食べることが禁止されているなど，日常生活のさまざまな決まりがある。

仏教　経典：経
シャカが開いた。日本には6世紀ごろ伝わった。

ゼッタイ！これだけ 世界の三大宗教…仏教，キリスト教，イスラム教

練習問題 →解答は別冊 p.4

① 地図は世界の宗教分布を示しています。A～Cにあてはまる宗教は何か, それぞれ答えなさい。

A　　　　　　　　　　　教

B　　　　　　　　　　　教

C　　　　　　　　　　　教

地図

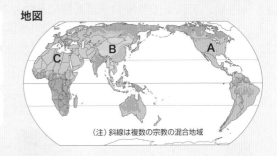

（注）斜線は複数の宗教の混合地域

② 仏教, キリスト教, イスラム教を開いた人物を下のア～ウの中から, 経典を下の①～③の中からそれぞれ選び, 記号で答えなさい。

ア シャカ　　**イ** イエス＝キリスト　　**ウ** ムハンマド
① 聖書　　② 経　　③ コーラン

仏教　　　　人物　　　　　　　経典

イスラム教　人物　　　　　　　経典

キリスト教　人物　　　　　　　経典

わかった～!

1章 世界と日本の地域構成
2章 世界の人々の生活と環境
3章 世界の諸地域
4章 身近な地域の調査
5章 日本の地域的特色
6章 日本の諸地域

3 世界の人々の生活

p.20〜23で学習したように，世界にはさまざまな気候帯や宗教があるよ。各地ではその気候や生活習慣にあわせた衣服や住居が使われているんだ。それぞれの地域の人々の生活を知ることは国際理解のためにもとても重要なことなんだよ。

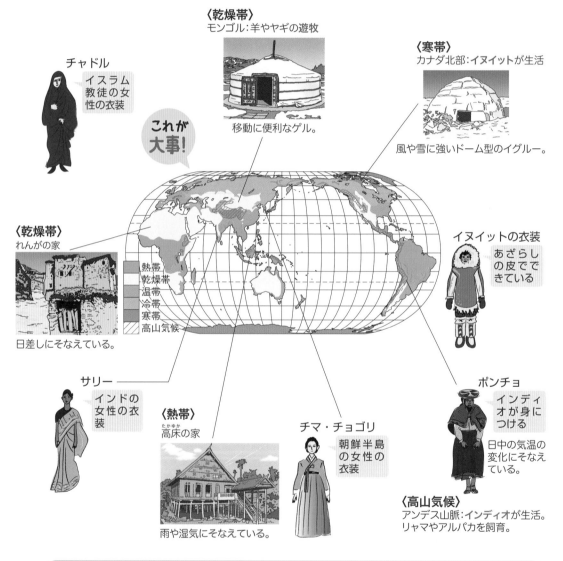

チャドル
イスラム教徒の女性の衣装

〈乾燥帯〉
モンゴル：羊やヤギの遊牧

移動に便利なゲル。

これが大事！

〈寒帯〉
カナダ北部：イヌイットが生活

風や雪に強いドーム型のイグルー。

〈乾燥帯〉
れんがの家

日差しにそなえている。

熱帯
乾燥帯
温帯
冷帯
寒帯
高山気候

イヌイットの衣装
あざらしの皮でできている

サリー
インドの女性の衣装

〈熱帯〉
高床の家

雨や湿気にそなえている。

チマ・チョゴリ
朝鮮半島の女性の衣装

ポンチョ
インディオが身につける

日中の気温の変化にそなえている。

〈高山気候〉
アンデス山脈：インディオが生活。リャマやアルパカを飼育。

①熱帯…雨や湿気にそなえた高床の家
②乾燥帯…日差しにそなえたれんがの家，移動に便利なゲル
③寒帯…風や雪に強いイグルー

1章 世界と日本の地域構成

2章 世界の人々の生活と環境

3章 世界の諸地域

4章 身近な地域の調査

5章 日本の地域的特色

6章 日本の諸地域

練習問題 →解答は別冊 p.4·5

❶ 右のA・Bのような伝統的な住居はどの気候帯で見られるものか，答えなさい。

A _____ 帯

B _____ 帯

A

B

❷ 次のア〜エの説明にあてはまるものを，下のA〜Eから1つずつ選び，記号で答えなさい。

ア イスラム教徒の女性が身につける民族衣装
イ インドの女性が身につける，風通しの良い民族衣装
ウ インディオが身につける衣服
エ 朝鮮半島の女性が身につける民族衣装

ア _____ イ _____ ウ _____ エ _____

A B C D E

寒いのもいやだよう…。

25

おさらい問題

❶ **世界の気候帯について，各問いに答えなさい。**

(1) 気候帯について述べた次の**A〜D**について，あてはまる気候帯を下の**ア〜オ**から1つずつ選び，記号で答えなさい。

A 冬は寒さがきびしく，タイガが広がる気候。
B 温暖で，日本も属している気候。
C 降水量が少なく，砂漠が広がる気候。
D 年中高温で，赤道の周辺に分布する気候。

ア 温帯 **イ** 熱帯 **ウ** 乾燥帯 **エ** 寒帯 **オ** 冷帯〔亜寒帯〕

A ⬜ B ⬜ C ⬜ D ⬜

(2) 右の雨温図①・②にあてはまる気候帯を，(1)の**ア〜オ**から1つずつ選び，記号で答えなさい。

① ⬜ ② ⬜

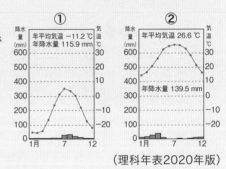

（理科年表2020年版）

❷ **世界の宗教について，各問いに答えなさい。**

(1) 仏教を開いた人物は誰か，答えなさい。 ⬜

(2) キリスト教の経典は何か，答えなさい。 ⬜

(3) イスラム教で食べることを禁止されている動物は何か，答えなさい。 ⬜

(4) 仏教，キリスト教，イスラム教を信仰する人が多い国を，以下の**ア〜エ**からそれぞれ1つずつ選び，記号で答えなさい。

ア フランス **イ** エジプト **ウ** インド **エ** タイ

仏教 ⬜ キリスト教 ⬜ イスラム教 ⬜

1章 世界と日本の地域構成

2章 世界の人々の生活と環境

3章 世界の諸地域

4章 身近な地域の調査

5章 日本の地域的特色

6章 日本の諸地域

❸ 世界の人々の生活について，各問いに答えなさい。

地図

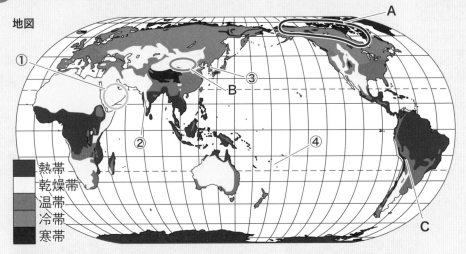

熱帯
乾燥帯
温帯
冷帯
寒帯

(1) **地図**中の**A**の地域では，冬に雪や氷でつくられた住居が見られた。この住居を何というか，答えなさい。

(2) **地図**中の**B**の地域では，移動に便利なテント式の住居が見られる。この住居を何というか，答えなさい。

(3) **地図**中の**C**の地域では，リャマやアルパカを飼育して暮らす先住民族が生活している。この先住民族を何というか，答えなさい。

(4) **図**の**ア，イ**の民族衣装は，**地図**中のどこの地域で見られるものか。あてはまる地域を，**地図**中の**①〜④**からそれぞれ1つずつ選び，記号で答えなさい。

図 ア イ

ア　　　　イ

ひと休みしよう！

27

1 東・東南アジア

なぜ学ぶの?

日本の近くにある国々は,日本と気候が似ていることもあり,さかんな農業も似ているよ。距離が近いから,工業製品などもふくめて日常生活で各国の生産物にふれており,私たちの生活とは切りはなせない地域だよ。

中華人民共和国〔中国〕
世界で最も人口が多い国。
人口の9割が漢族。
一人っ子政策が行われていた。
経済特区:中国が外国企業を誘致するために設けた。

季節風の影響で,東南アジア南部では1年に2回米をつくる二期作ができるよ。

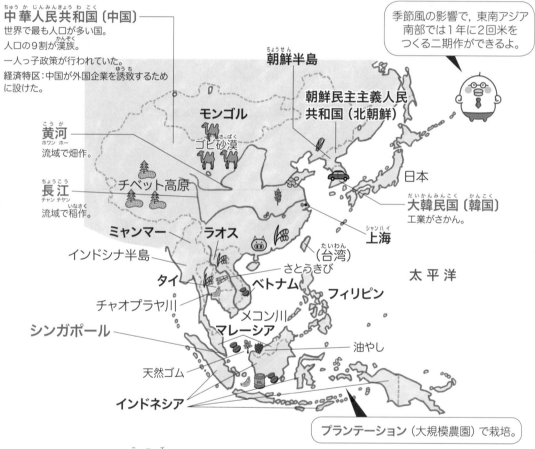

朝鮮半島

朝鮮民主主義人民共和国〔北朝鮮〕

モンゴル

ゴビ砂漠

黄河
流域で畑作。

長江
流域で稲作。

チベット高原

日本

大韓民国〔韓国〕
工業がさかん。

上海

ミャンマー　　**ラオス**

インドシナ半島

（台湾）

さとうきび

タイ　　**ベトナム**

フィリピン

太平洋

チャオプラヤ川

メコン川

シンガポール

マレーシア

油やし

天然ゴム

インドネシア

プランテーション（大規模農園）で栽培。

●**NIES**〔新興工業経済地域〕:発展途上国のなかで,20世紀後半に急速な経済成長を果たした国や地域のこと。**韓国・香港・台湾・シンガポール**の4つの国・地域を「**アジアNIES**」という。

これが大事!

●**ASEAN**〔東南アジア諸国連合〕:東南アジアの国々が政治や経済などで協力するためにつくった組織。

ゼッタイ! これだけ

①稲作…長江流域から東南アジアにかけてさかん
②アジアNIES…韓国・香港・台湾・シンガポール
③ASEAN〔東南アジア諸国連合〕…東南アジアの安定・発展を求めて設立

練習問題 →解答は別冊 p.6

❶ 東アジアについて，地図のA・Bにあてはまる国名と，C・Dにあてはまる河川名を答えなさい。

A

B

C

D

地図

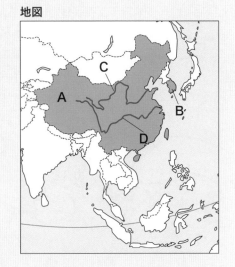

❷ 東南アジアの産業や経済について，各問いに答えなさい。

(1) 東南アジアで栽培がさかんな，石けんなどの原料がとれる農作物を，次の**ア～エ**から1つ選び，記号で答えなさい。

　ア 天然ゴム　　**イ** 米　　**ウ** 油やし　　**エ** 小麦

(2) 東南アジアの国々が政治・経済などで協力するためにつくった組織の名を答えなさい。

1章　世界と日本の地域構成

2章　世界の人々の生活と環境

3章　世界の諸地域

4章　身近な地域の調査

5章　日本の地域的特色

6章　日本の諸地域

2 南・中央・西アジア

 私たちがふだん自動車のガソリンなどに使っている石油の多くは，サウジアラビアやアラブ首長国連邦から輸入しているんだよ。遠い国々のようだけど，実は日本とも深い関わりがあるんだね。

ユーフラテス川
古代文明がさかえた。
チグリス川
ペルシア湾
湾岸は世界最大の石油の産出地。
カスピ海
トルコ
ガンジス川
イラク
イラン
ヒマラヤ山脈
アフガニスタン
サウジアラビア
原油輸出量世界一。(2017)
日本の石油最大輸入国。(2019)
パキスタン
インダス川
古代文明がさかえた。
アラブ首長国連邦
バングラデシュ
アラビア半島
インド
ヒンドゥー教徒が多い。
情報技術産業がさかん。
デカン高原
スリランカ
インド洋

南・中央・西アジアにはイスラム教を信仰する人が多いよ。

これが大事! ●OPEC：石油輸出国機構。石油の産出量が多い西アジアの国が多く加盟。石油価格を左右する。

①イスラム教…西・中央・南アジアに多い
②ヒンドゥー教…インド
③OPEC…石油輸出国機構。石油の産出量が多い国が加盟

練習問題 →解答は別冊 p.6

1章 世界と日本の地域構成

2章 世界の人々の生活と環境

3章 世界の諸地域

4章 身近な地域の調査

5章 日本の地域的特色

6章 日本の諸地域

❶ 南・西アジアについて，地図のA・Bにあてはまる国名と，C・Dにあてはまる地形名を答えなさい。

A

B

C

D

地図

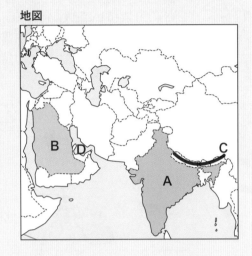

❷ 西アジアについて，各問いに答えなさい。

(1) ペルシア湾沿岸が世界最大の産出地となっている資源は何か，答えなさい。

(2) 西アジアで多くの人々に信仰されている宗教を，次のア～エから1つ選び，記号で答えなさい。

ア 仏教　　**イ** キリスト教　　**ウ** ヒンドゥー教　　**エ** イスラム教

思ったより
関わりが深い!?

3 ヨーロッパ

なぜ学ぶの?

島国の日本とはちがい、ヨーロッパは陸続きで隣の国と接している国が多く、行き来がしやすいこともあってEUによる政治的・経済的な統合が進んでいるんだよ。世界にあたえる影響の多い地域なんだ。

偏西風、北大西洋海流で温暖な気候。

イギリス

スカンディナビア半島
オランダ

ロシア連邦
世界一面積が広い国。エネルギー資源が豊富。

大西洋

北海

これが**大事!**

作物栽培と家畜の飼育を組みあわせた**混合農業**が行われている。

フランス
小麦やぶどうの栽培がさかん。

ドイツ

これが**大事!**

周辺で**酪農**が行われている。

ライン川

アルプス山脈

ヨーロッパではキリスト教が広く信仰されているよ。

スペイン

黒海

ポルトガル

スイス
永世中立国。

イタリア

これが**大事!**

地中海
沿岸で地中海式農業。

これが**大事!** **EU〔ヨーロッパ連合〕は政治的・経済的な統合を目指す機関。**
●加盟国数:27か国（2020年イギリス離脱）
●特色:EU加盟国の間では、一部を除いて国境を自由に通過できる。
　多くの国で**ユーロ〔通貨〕**を使用
●課題:加盟国間での経済格差

ゼッタイ! これだけ
①農業…混合農業、地中海式農業、酪農
②EU…多くの国でユーロを使用

練習問題 →解答は別冊 p.6

❶ ヨーロッパについて，地図のA・Bにあてはまる国名と，C・Dにあてはまる地形名を答えなさい。

地図

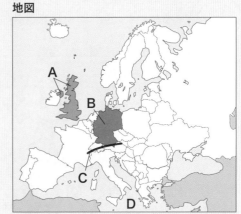

A [　　　　　　　　　　]

B [　　　　　　　　　　]

C [　　　　　　　　　　]

D [　　　　　　　　　　]

❷ ヨーロッパについて，各問いに答えなさい。

(1) 加盟国の多くでユーロという通貨が使用されているヨーロッパの機関を何というか，答えなさい。

[　　　　　　　　　　]

(2) ヨーロッパ中央部や東部などで広くみられる，作物栽培と家畜の飼育を組み合わせた農業を何というか，答えなさい。

[　　　　　　　]農業

妖精が代わりに勉強してくれないかなぁ…。

1章 世界と日本の地域構成

2章 世界の人々の生活と環境

3章 世界の諸地域

4章 身近な地域の調査

5章 日本の地域的特色

6章 日本の諸地域

4 アフリカ

なぜ学ぶの？

日本でチョコレートなどに加工されるカカオも大半がアフリカから輸入されているんだよ。世界で一番大きな砂漠や世界で一番長い川もあり，多様な自然が見られるんだ。

サハラ砂漠
世界最大の砂漠。

ナイル川
世界最長の川。

モロッコ

エジプト

エチオピア高原
コーヒーなどの栽培がさかん。

ナイジェリア

コート ジボワール

ケニア

赤道

ガーナ
カカオの栽培がさかん。

コンゴ盆地

カメルーン

アフリカのほとんどの地域が，かつてヨーロッパの植民地だったよ。

マダガスカル島

南アフリカ共和国
ダイヤモンドや金の産出量が多い。
1990年代に，アパルトヘイトという人種隔離政策が廃止された。

これが大事！
●**プランテーション**：植民地時代に開かれた大規模な農園で，茶・カカオ・コーヒーなどの栽培がさかん。
●**モノカルチャー経済**：特定の農産物や鉱産資源に頼る経済。

ゼッタイ！これだけ
①植民地…かつてアフリカの多くの地域はヨーロッパ諸国の支配下にあった
②アパルトヘイト…南アフリカ共和国で行われていた人種隔離政策
③モノカルチャー経済…特定の農産物・鉱産資源に頼る経済

練習問題 →解答は別冊 p.6

1章 世界と日本の地域構成

2章 世界の人々の生活と環境

3章 世界の諸地域

4章 身近な地域の調査

5章 日本の地域的特色

6章 日本の諸地域

❶ アフリカについて，地図のA・Bにあてはまる国名と，C・Dにあてはまる地形名を答えなさい。

地図

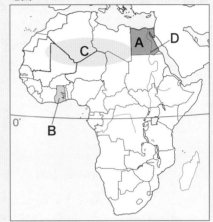

A

B

C

D

❷ アフリカについて，各問いに答えなさい。

(1) アパルトヘイト（人種隔離政策）をとっていた国を，次の**ア～エ**から1つ選び，記号で答えなさい。

ア ケニア　　　　　**イ** ナイジェリア

ウ 南アフリカ共和国　**エ** カメルーン

(2) 特定の農産物や鉱産資源の生産や輸出に頼る経済を何というか，答えなさい。

チョコレートも
食べたい！

おさらい問題

① 東・東南アジアについて，各問いに答えなさい。

(1) 地図1の①，②の川の流域でさかんな農業を，それぞれ答えなさい。

①

②

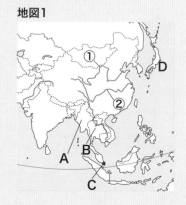

地図1

(2) アジアNIESに含まれる国・地域は，韓国・香港・台湾と，あと1つはどこの国か。地図中のA～Dから1つ選び，記号で答えなさい。

② 西アジアについて，各問いに答えなさい。

(1) 地図2中のAの湾岸は，世界最大の石油の産出地である。この湾を何というか，答えなさい。

地図2

(2) 西アジアの国など，石油の産出量が多い国が加盟している組織を何というか，答えなさい。

1章 世界と日本の地域構成

2章 世界の人々の生活と環境

3章 世界の諸地域

4章 身近な地域の調査

5章 日本の地域的特色

6章 日本の諸地域

❸ **ヨーロッパについて, 各問いに答えなさい。**

(1) 次の文の**①**〜**③**にあてはまる語について, 下の**ア〜エ**から1つずつ選び, 記号で答えなさい。

地図3

> 地図3中の**A**の国では, 作物栽培と家畜の飼育を組み合わせた ① が行われている。地図中の**B**の山脈の周辺では, 涼しい気候を生かした ② が行われている。地図中の**C**の沿岸では, ③ が行われている。

ア 酪農（らくのう）　**イ** 地中海式農業（ちちゅうかいしきのうぎょう）　**ウ** 混合農業（こんごうのうぎょう）　**エ** 焼畑農業（やきはたのうぎょう）

① ［　　　　　］　　② ［　　　　　］　　③ ［　　　　　］

(2) ヨーロッパでは, 地図中の ▬▶ の方向に流れる暖流（だんりゅう）の北大西洋海流（きたたいせいよう）と, その上を吹くある風によって, 温暖な気候となっている。この風を何というか, 答えなさい。

❹ **アフリカについて, 各問いに答えなさい。**

地図4

(1) **地図4**中の**A**の国で栽培がさかんなものを, 次の**ア〜エ**から1つ選び, 記号で答えなさい。
　ア とうもろこし　　**イ** カカオ
　ウ じゃがいも　　　**エ** バナナ

(2) 茶やコーヒーなど, 単一作物の栽培を行う, 大規模な農園のことを何というか, 答えなさい。

ひと休みしよう…。

5 北アメリカ

なぜ学ぶの？　北アメリカの中でも特にアメリカについては，テレビのニュースなどで報道されることも多いよね。航空宇宙産業などの工業が発達した経済大国であり，広大な土地を生かした農業国でもあり，日本との関わりもとても深いんだ。

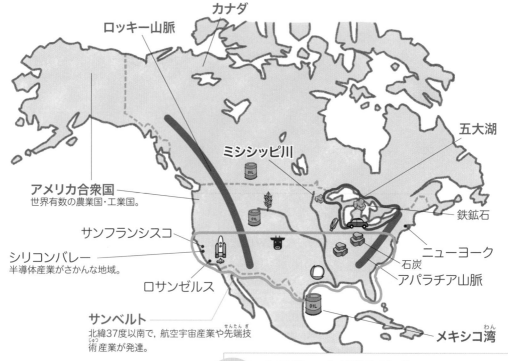

アメリカ合衆国
世界有数の農業国・工業国。

ロッキー山脈

カナダ

ミシシッピ川

五大湖

鉄鉱石

サンフランシスコ

シリコンバレー
半導体産業がさかんな地域。

ロサンゼルス

ニューヨーク

石炭

アパラチア山脈

サンベルト
北緯37度以南で，航空宇宙産業や先端技術産業が発達。

メキシコ湾

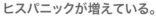

これが大事！　アメリカの農業の特徴を知ろう。

●適地適作：広大な土地で，それぞれの環境に適した農作物を栽培。
→大量に生産した農作物を世界に輸出。

これが大事！　ヒスパニックが増えている。

多民族国家→
「人種のサラダボウル」
と呼ばれる。
近年は国境をこえて，スペイン語を話す移民（ヒスパニック）が流入。

メキシコ 22.7%
中国 5.7
インド 5.3
フィリピン 4.0
その他 62.3
5066万人

▲アメリカ合衆国における国際移住者の出身国（2019年）
（世界国勢図会2020/21）

 ゼッタイ！これだけ

①農業…適地適作
②工業…五大湖（製鉄業や自動車），サンベルト（航空宇宙産業・先端技術産業），シリコンバレー
③多民族国家…ヒスパニックの流入

1章 世界と日本の地域構成

2章 世界の人々の生活と環境

3章 世界の諸地域

4章 身近な地域の調査

5章 日本の地域的特色

6章 日本の諸地域

練習問題 →解答は別冊 p.7

❶ 北アメリカについて，地図を見て，各問いに答えなさい。

(1) 地図の**A・B**にあてはまる国名と，**C〜F**にあてはまる地形名を答えなさい。

A

B

C

D

E

F

地図

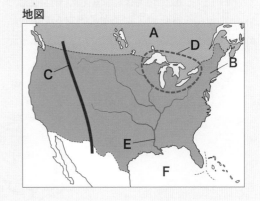

(2) **B**で先端技術産業が発達している，北緯37度以南の地域を何というか，答えなさい。

❷ アメリカ合衆国の農業の説明として誤っているものを，次のア〜ウから1つ選び，記号で答えなさい。

ア 機械化が発達し，大規模な農業経営を行っている。

イ 農作物はほぼ国内で消費されるため，その輸出量は少ない。

ウ 地域の気候や土壌に合った作物を選択して栽培している。

ハリウッドでビッグになりたい！

6 中・南アメリカ

なぜ学ぶの？

南アメリカは，日本から見るとちょうど地球上で反対側にあるんだよ。熱帯林の減少は地球温暖化の一因となっており，重要な国際問題の一つとして解決策が探られているところなんだ。

これが大事！

アマゾン川
世界一の流域面積。
アマゾン川流域では焼畑農業がさかん。道路開発，バイオ燃料のためのさとうきび畑の増加などにより**熱帯林**が減少。地球温暖化の原因の一つとして問題になっている。

メキシコ

キューバ

カリブ海

赤道

ブラジル

セルバ
熱帯林が広がる。

ペルー

鉄鉱石

ブラジル高原
さとうきびやコーヒーの栽培がさかん。

リオデジャネイロ

スペイン・ポルトガルの植民地とされていたので，スペイン語やポルトガル語が公用語の国が多いよ。

アンデス山脈
じゃがいもやとうもろこしの原産地。
インディオ（先住民族）が住む。

パンパ
小麦，大豆の栽培，肉牛の飼育がさかんな草原地帯。

チリ

アルゼンチン

ゼッタイ！これだけ

①パンパ…温帯の草原
②アンデス山脈…インディオが多く住む
③アマゾン川流域…道路開発，さとうきび畑などで熱帯林が破壊

練習問題 →解答は別冊 p.7

① 中・南アメリカについて，地図のA・Bにあてはまる国名と，C・Dにあてはまる地形名を答えなさい。

A

B

C

D

地図

② 中・南アメリカについて，各問いに答えなさい。

(1) ブラジル高原で栽培がさかんな農作物を，次の**ア～エ**から1つ選び，記号で答えなさい。

　　ア 米　　　**イ** 小麦　　　**ウ** 天然ゴム　　　**エ** コーヒー

(2) アマゾン川流域に広がる熱帯林を何というか，答えなさい。

カーニバル楽しそう！

1章 世界と日本の地域構成

2章 世界の人々の生活と環境

3章 世界の諸地域

4章 身近な地域の調査

5章 日本の地域的特色

6章 日本の諸地域

7 オセアニア

南半球の地域だから，日本が冬のときオセアニアは夏なんだ。鉱産資源や観光資源などが豊富で，日本は鉄鉱石や石炭をたくさん輸入しているんだよ。オーストラリアもニュージーランドもかつてイギリスの植民地だったんだ。

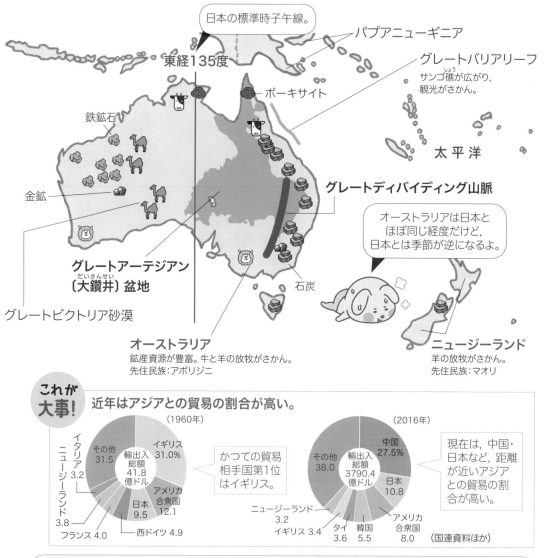

日本の標準時子午線。

パプアニューギニア

グレートバリアリーフ
サンゴ礁が広がり，観光がさかん。

東経135度

ボーキサイト

太平洋

鉄鉱石

グレートディバイディング山脈

金鉱

オーストラリアは日本とほぼ同じ経度だけど，日本とは季節が逆になるよ。

グレートアーテジアン
（大鑽井）盆地

石炭

グレートビクトリア砂漠

ニュージーランド
羊の放牧がさかん。
先住民族：マオリ

オーストラリア
鉱産資源が豊富。牛と羊の放牧がさかん。
先住民族：アボリジニ

これが大事！ 近年はアジアとの貿易の割合が高い。

（1960年）
輸出入総額41.8億ドル
イギリス31.0%
アメリカ合衆国12.1
日本9.5
西ドイツ4.9
フランス4.0
ニュージーランド3.8
イタリア3.2
その他31.5

かつての貿易相手国第1位はイギリス。

（2016年）
輸出入総額3790.4億ドル
中国27.5%
日本10.8
アメリカ合衆国8.0
韓国5.5
タイ3.6
イギリス3.4
ニュージーランド3.2
その他38.0

現在は，中国・日本など，距離が近いアジアとの貿易の割合が高い。

（国連資料ほか）

ゼッタイ！これだけ

①鉱産資源…鉄鉱石・石炭・ボーキサイトなど
②羊の放牧…オーストラリア・ニュージーランド
③貿易…近年はアジアとの結びつきが強い

練習問題 →解答は別冊 p.7·8

1章 世界と日本の地域構成

2章 世界の人々の生活と環境

3章 世界の諸地域

4章 身近な地域の調査

5章 日本の地域的特色

6章 日本の諸地域

1 オセアニアについて，地図を見て，各問いに答えなさい。

(1) 地図1のA・Bにあてはまる国名と，C・Dにあてはまる地形名を答えなさい。

A

B

C

D

地図1

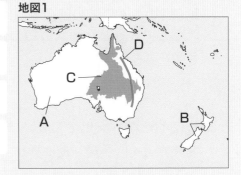

(2) 地図2の①～③にあてはまる鉱産資源を，次のア～エから1つずつ選び，記号で答えなさい。

ア 鉄鉱石　　イ 石炭　　ウ ボーキサイト　　エ 石油

①

②

③

地図2

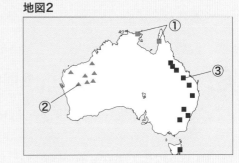

2 オーストラリアでの生産が世界第2位で，ニュージーランドでの生産は世界第3位（2018年）のものを，次のア～エから1つ選び，記号で答えなさい。

ア 小麦　　イ とうもろこし　　ウ 羊毛　　エ 生花

できた～！！

43

➡解答は別冊 p.8

おさらい問題

① **北アメリカについて，各問いに答えなさい。**

(1) **地図1**中の**A**の湖の周辺では，自動車工業などがさかんである。これらの湖を何というか，答えなさい。

地図1

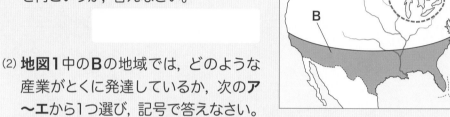

(2) **地図1**中の**B**の地域では，どのような産業がとくに発達しているか，次の**ア〜エ**から1つ選び，記号で答えなさい。

ア 食料品工業　　**イ** 先端技術産業
ウ 製紙業　　　　**エ** 酪農業

(3) 近年アメリカ合衆国で増加している，スペイン語を話す移民を何というか，答えなさい。

② **中・南アメリカについて，各問いに答えなさい。**

(1) 次の文を読み，①〜③にあてはまる語をそれぞれ答えなさい。

> **地図2**中の**A**の川の流域では，森林を焼き払って作物を栽培する　①　農業がさかん。　②　燃料のもととなるさとうきび畑の増加などが原因で，熱帯林が減少し，　③　化の一因となっている。

地図2

①

②

③

1章 世界と日本の地域構成

2章 世界の人々の生活と環境

3章 世界の諸地域

4章 身近な地域の調査

5章 日本の地域的特色

6章 日本の諸地域

(2) 地図2中の**B**山脈などにくらす先住民族のことを何というか，答えなさい。

(3) 地図2中の**B**山脈が原産地の作物としてあてはまるものを，次の**ア〜エ**から1つ選び，記号で答えなさい。
　　ア じゃがいも　　**イ** コーヒー　　**ウ** 小麦　　**エ** 米

③ オセアニアについて，各問いに答えなさい。

(1) 地図3中の**A**の国，**B**の国の先住民族をそれぞれ何というか，答えなさい。

A

B

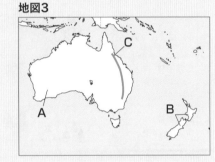
地図3

(2) 地図3中の**A**の国，**B**の国はどこの国の植民地だったか。次の**ア〜エ**から1つ選び，記号で答えなさい。
　　ア イタリア　　　　**イ** スイス
　　ウ スペイン　　　　**エ** イギリス

(3) 地図3中の**C**の山脈の付近で採れる鉱産資源を，次の**ア〜エ**から1つ選び，記号で答えなさい。
　　ア 金　　**イ** 石炭　　**ウ** 鉄鉱石　　**エ** ボーキサイト

お疲れさま〜！

1 地図記号

なぜ学ぶの?
地図記号は地図上にのっているマークのことだよ。マークを見るとその場所が田んぼである，学校であるというように，どんなふうに土地が使われているのかわかるんだ!

1 地図記号には由来がある!

これが大事! 田（水田） 稲をかりとったあとのようす。	**これが大事!** 神社 神社にある鳥居をかたどっている。	消防署 昔の火消し道具の形がもと。
畑 ふたばのようす。	**これが大事!** 寺院 寺（仏教）に関わりの深い「卍」がもと。	**これが大事!** 警察署 2本のけいぼうのようすをかたどっている。
広葉樹林 木のようすをかたどっている。	**これが大事!** 郵便局 郵便局などに使われているマークがもと。	病院 旧陸軍の衛生隊のしるしがもと。
針葉樹林 木のようすをかたどっている。	**これが大事!** 小・中学校 漢字の「文」がもと。	博物館・美術館 博物館などの建物の形がもと。
これが大事! 果樹園 くだものをかたどっている。	高等学校 高等学校には〇がついている。	荒地 雑草が生えているようす。
茶畑 お茶の実を切ったときの断面をかたどっている。	工場 歯車の形がもと。	鉄道 JRは以前，国鉄だったため，他の私鉄と表し方が異なる。 JR線 JR以外

2 地図記号はこんなふうにのっている!

博物館・美術館
果樹園
寺院
広葉樹林
針葉樹林
神社

由来と一緒に覚えると頭に入りやすいよ。

（国土地理院発行 2万5千分の1「石和」，原寸より縮小）

ゼッタイ! これだけ
‖…田（水田）　○…果樹園　开…神社　卍…寺院　⊖…郵便局
文…小・中学校　⊗…警察署

練習問題 →解答は別冊 p.8

1 地図の表す内容について, 各問いに答えなさい。

(1) 地図1のA～Dの地図記号は何を表しているか答えなさい。

A

B

C

D

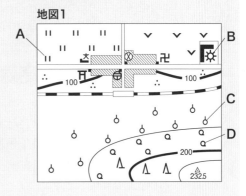

地図1

(2) 地図2を見て, 次の文の①～③にあてはまるものを, それぞれ1つずつ選び, 記号で答えなさい。

地図2　国土地理院発行2万5千分の1「石和」, 原寸より縮小

この土地は, ① (**ア** 田・**イ** 果樹園) がたくさんあるようです。神社の ある山には, 広葉樹林や, ② (**ア** 針葉樹林・**イ** 茶畑) が広がり, 神社 から北西の方角を見ると, ③ (**ア** 博物館・**イ** 高等学校) があります。

①　　　　　②　　　　　③

地図キライっ!

1章　世界と日本の地域構成

2章　世界の人々の生活と環境

3章　世界の諸地域

4章　身近な地域の調査

5章　日本の地域的特色

6章　日本の諸地域

2 地形図の縮尺と等高線

なぜ学ぶの？
地形図には必ずどこかに縮尺が書いてあるよ。縮尺を見ると実際よりどのくらい小さくしているかがわかるんだよ。等高線は地図上で高低を表すものだけど，間隔の広さでどのくらい急かもわかるよ。こちらも重要な情報なんだ。

1 縮尺で距離，等高線で高低がわかる！

- 縮尺：実際の距離を縮めた割合。縮尺は分数や比のかたちで表すことが多い。
（例）2万5千分の1→「1:25000」

- 等高線：同じ高さの場所を結んだ線。地図上で**高低**を表す。

これが大事！
地図上の長さ×縮尺の分母＝実際の距離

1m＝100cm，1km＝1000m 単位に注意だよ。

これが大事！
等高線の**間隔が広い**→**ゆるやかな斜面**
等高線の**間隔が狭い**→**急な斜面**

縮尺	1:25000	1:50000
主曲線（──）	10mおき	20mおき
計曲線（──）	50mおき	100mおき

主曲線の5本目が計曲線になっている

2 実際の地形図を見てみよう

天童市は山形県だよ。

ゆるやかな斜面
急な斜面
縮尺

国土地理院発行2万5千分の1「山寺」

ゼッタイ！これだけ
①実際の距離…地図上の長さ×縮尺の分母
②等高線…同じ高さの場所を結んだ線。地図上で高低を表す
　間隔が広い→**ゆるやか**　間隔が狭い→**急**

48

1章 世界と日本の地域構成

2章 世界の人々の生活と環境

3章 世界の諸地域

4章 身近な地域の調査

5章 日本の地域的特色

6章 日本の諸地域

練習問題 →解答は別冊 p.8・9

❶ 地形図について, 各問いに答えなさい。

(1) 図の X, Y のうち, 傾きがゆるやかなのはどちらか, 記号で答えなさい。

図

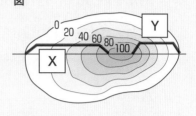

(2) 地図を見て, 次の文の①〜③にあてはまるものを, それぞれ1つずつ選び, 記号で答えなさい。

地図　国土地理院発行2万5千分の1「松原湖」, 原寸より縮小

この地形図は2万5千分の1なので, 等高線の主曲線は①（**ア** 10m・**イ** 20 m）ごとにひかれています。この土地は, 全体的に東側より西側の方が②（**ア** 斜面がゆるやか・**イ** 斜面が急）なところが多いようです。地図中の南東に描かれている川が地図上で約2cmの場合, 実際の距離は③（**ア** 100m・**イ** 500m）になります。

①　　　　　　　②　　　　　　　③

なんで社会で
計算しなきゃ
いけないの？

おさらい問題

① **地形図を見て，各問いに答えなさい。**

(1) **地図1**内の**A～C**の地図記号は何を表しているか答えなさい。

地図1　国土地理院発行2万5千分の1「西宮」，原寸より縮小

A _____

B _____

C _____

(2) **地図1**内の**X，Y**のうち，傾きが急なのはどちらか，記号で答えなさい。

_____

(3) **地図1**内に鉄道の駅が2つあるがJR線の駅はどちらか，地図内の表記で答えなさい。

_____

(4) **地図1**から読み取れることとして適切なものを下の**ア～エ**から1つ選びなさい。

ア 地形図内の川は，南から北に向かって流れている。

イ 岡本駅と摂津本山駅の間には神社がある。

ウ 地形図内にある学校は，甲南大を除き，すべて小・中学校である。

エ 地形図内に郵便局はない。

_____

(5) **地図1**上の◆━━━▶が約1.3cmだった場合，実際の距離は約何mか，答えなさい。

_____ m

1章 世界と日本の地域構成

2章 世界の人々の生活と環境

3章 世界の諸地域

4章 身近な地域の調査

5章 日本の地域的特色

6章 日本の諸地域

❷ 2枚の時代の異なる同じ範囲を表した地形図について，各問いに答えなさい。

地図2

地図3

国土地理院発行2万5千分の1「唐津」平成22年，昭和53年　原寸より縮小

(1) **地図2**，**地図3**から読み取れることとして，正しいものを，次の**ア〜ウ**から1つ選び記号で答えなさい。

ア 地形図を見比べると，漁獲量の変化のようすがわかる。

イ 地形図を見比べると，人口の変化のようすがわかる。

ウ 地形図を見比べると，地形の変化のようすがわかる。

(2) **地図2**，**地図3**について，次の文の①・②にあてはまるものを，それぞれ1つずつ選び，記号で答えなさい。

> 2つの地形図を見比べると，この土地はむかしから，地図内西側の川沿いでは① (**ア** 稲作・**イ** 畑作) をしているようです。地図の北側を見ると埋立地が増えており，埋立地の中に② (**ア** 学校・**イ** 博物館) ができたことがわかります。

①　　　　　　②

できた気がする…！

1 日本の地形

なぜ学ぶの?

日本はなんと国土の約4分の3が山地だよ。山がちな日本の川は，外国の川に比べて長さが短く，流れが急で，さまざまな地形をつくっているんだ。山と川は日本の地形を形づくる上で最も重要なんだね。

1 日本はほとんどが山！

・**環太平洋造山帯**にふくまれる日本列島は，中心を背骨のように山脈が連なる。
・日本の川は世界の川と比べて短くて急。
・日本は国土の約4分の3が山地。

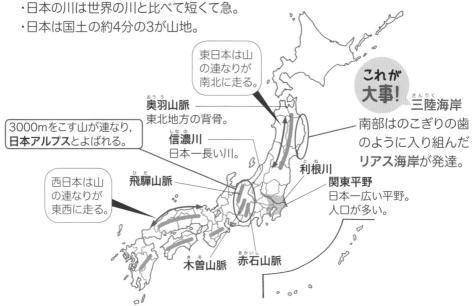

東日本は山の連なりが南北に走る。

これが大事！ **三陸海岸**
南部はのこぎりの歯のように入り組んだ**リアス海岸**が発達。

奥羽山脈
東北地方の背骨。

3000mをこす山が連なり，**日本アルプス**とよばれる。

信濃川
日本一長い川。

利根川

飛驒山脈

西日本は山の連なりが東西に走る。

関東平野
日本一広い平野。人口が多い。

木曽山脈　赤石山脈

2 川がさまざまな地形をつくる！

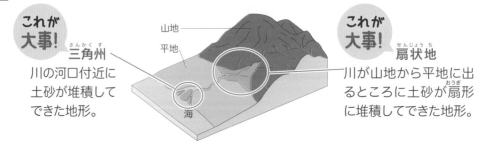

これが大事！ **三角州**
川の河口付近に土砂が堆積してできた地形。

山地
平地
海

これが大事！ **扇状地**
川が山地から平地に出るところに土砂が扇形に堆積してできた地形。

ゼッタイ！これだけ

①**三陸海岸**…南部はのこぎりの歯のように入り組んだ**リアス海岸**が発達
②**扇状地**…山地から平地に出るところにできる
③**三角州**…川の河口付近にできる

1章 世界と日本の地域構成

2章 世界の人々の生活と環境

3章 世界の諸地域

4章 身近な地域の調査

5章 日本の地域的特色

6章 日本の諸地域

練習問題 →解答は別冊 p.9

❶ **日本の地形について，地図を見て，各問いに答えなさい。**

(1) **地図の①〜④にあてはまる地形名を答えなさい。**

①

②

③

④

地図

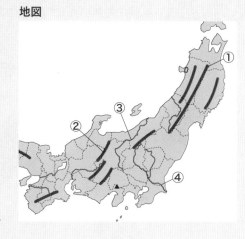

(2) 日本列島が含まれる造山帯を答えなさい。

❷ **日本の地形について，各問いに答えなさい。**

(1) 川の河口付近に土砂が堆積してできた地形を何というか，次の**ア〜エ**から1つ選び，記号で答えなさい。

　ア 扇状地　　　**イ** 三角州　　　**ウ** リアス海岸　　　**エ** 大陸棚

(2) 日本の国土に対する山地のおおよその割合を，次の**ア〜エ**から1つ選び，記号で答えなさい。

　ア 3分の1　　**イ** 4分の1　　**ウ** 4分の3　　**エ** 5分の4

山，多すぎ！

2 日本の気候・自然災害

なぜ学ぶの？

北海道と沖縄では気候がちがうよね。日本国内でもいくつかの気候に分かれるんだ。気候のちがいが地域ごとの農業の特徴などに結びつくんだよ。

1 地域によって気候の特徴がちがう！

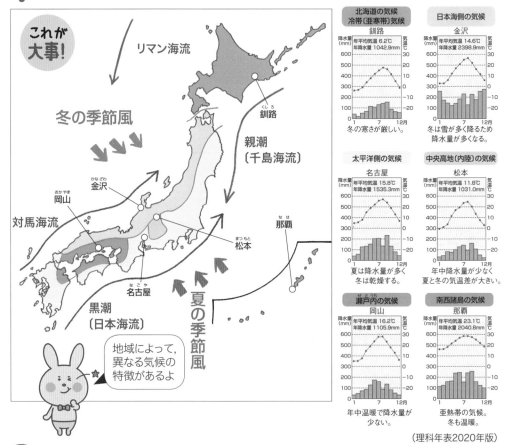

（理科年表2020年版）

2 日本はいろいろな自然災害がおこりやすい！

● 台風による被害：大雨による洪水やがけくずれなどの被害。
● 火山の噴火による被害：火山灰や火砕流による被害。
● 地震による被害：建物の倒壊，ライフラインの寸断，津波やがけくずれなどの被害。

日本の気候…北海道，日本海側，太平洋側，中央高地，瀬戸内，南西諸島の気候

練習問題 →解答は別冊 p.9・10

❶ 日本の気候について，地図を見て，各問いに答えなさい。

(1) 地図のA〜Dにあてはまる気候を答えなさい。

A

B

C

D

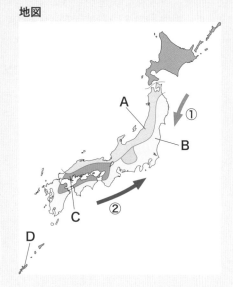

地図

(2) 地図の①・②にあてはまる海流を答えなさい。

①

②

(3) 夏と冬で反対の方向から吹く，日本の気候に大きな影響を与えている風を何というか答えなさい。

❷ 日本の自然災害について，活断層と呼ばれる境目が急激にずれることなどで，建物の倒壊，ライフラインの寸断，津波やがけくずれなどの被害をもたらす災害を何というか答えなさい。

対策しておこう！

1章 世界と日本の地域構成

2章 世界の人々の生活と環境

3章 世界の諸地域

4章 身近な地域の調査

5章 日本の地域的特色

6章 日本の諸地域

3 日本の人口

なぜ学ぶの？

人口が集中すると空気が汚れたり交通渋滞が起きたりするんだ。でも人口が減少すると鉄道や学校が廃止されてしまうんだよ。それから，子どもの人口が減ると国の人口も減っていってしまうんだ。人口を通していろいろな問題が見えてくるね。

1 日本の人口ピラミッドはつぼ型！

富士山型→つりがね型→つぼ型と変化してきている。

富士山型　子どもの割合が多く，高齢者の割合が低い。
➡ 人口増加はゆるやか。

つりがね型　子どもの割合が減る。
➡ 人口があまり増えなくなる。

これが
大事！

現在の日本はつぼ型で，**少子高齢化**が進む。

つぼ型　さらに子どもの割合が減り，高齢者の割合が高くなる。
➡ 人口が減少する。

2 人口が多すぎても少なすぎても問題がある！

●**過密**
人口が集中しすぎているところ。都市部。
問題点：交通渋滞，ごみ処理の問題，大気汚染

●**過疎**
人口が減り続けているところ。農村部など。
問題点：高齢化，バスや鉄道などの交通機関・学校や病院などの公共機関や施設の廃止

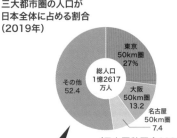

三大都市圏の人口が
日本全体に占める割合
（2019年）

総人口
1億2617万人

東京
50km圏
27%

大阪
50km圏
13.2

名古屋
50km圏
7.4

その他
52.4

（日本国勢図会2020/21年版）

日本の人口の約48％が東京・大阪・名古屋の三大都市圏に集中している。

ゼッタイ！
これだけ

① 人口ピラミッド…富士山型→つりがね型→つぼ型
② 少子高齢化…子どもの割合が減少。高齢者の割合が高い
③ 過密…人口が集中　　過疎…人口が減少

練習問題 →解答は別冊 p.10

1章 世界と日本の地域構成

2章 世界の人々の生活と環境

3章 世界の諸地域

4章 身近な地域の調査

5章 日本の地域的特色

6章 日本の諸地域

❶ 人口ピラミッドを見て，各問いに答えなさい。

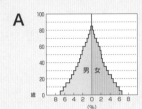
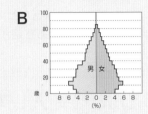
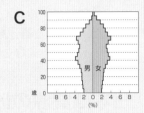

(1) **A～C**の人口ピラミッドの型の名前を答えなさい。

A

B

C

(2) 現在の日本の人口ピラミッドの型は**A～C**のどれか，記号で答えなさい。

❷ 日本の人口について，各問いに答えなさい。

(1) 次の文の（　　　）にあてはまるものを，下の**ア～ウ**から1つ選び，記号で答えなさい。

> 日本の人口は約1億3千万人で，約48%が（　　　）に集中している。

ア 三大都市圏　　**イ** 地方都市　　**ウ** 東京都

(2) 都市部に人口が集中しすぎている状態を何というか，答えなさい。

都会最高！
…ってわけでも
ない！?

4 日本の資源・エネルギー

なぜ学ぶの？

日本は資源が少なく，原油，石炭，鉄鉱石などのほとんどを輸入してるんだよ。また，輸入した資源を燃やして発電させる方法が主流だから，資源は私たちの生活に必要不可欠なものなんだ。

1 日本は資源のほとんどを輸入している！

日本の主な資源輸入先

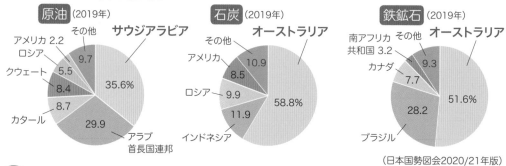

原油 (2019年) **サウジアラビア**
その他 9.7
アメリカ 2.2
ロシア 5.5
クウェート 8.4
カタール 8.7
サウジアラビア 35.6%
アラブ首長国連邦 29.9

石炭 (2019年) **オーストラリア**
その他 10.9
アメリカ 8.5
ロシア 9.9
インドネシア 11.9
オーストラリア 58.8%

鉄鉱石 (2019年) **オーストラリア**
南アフリカ共和国 3.2
その他 9.3
カナダ 7.7
ブラジル 28.2
オーストラリア 51.6%

(日本国勢図会2020/21年版)

2 日本は火力発電が中心！

これが大事！

- **火力発電**…資源を燃やして発生する熱を利用して蒸気をつくり発電するので，二酸化炭素の排出量が多い。
- **水力発電**…水の力で水車を回して発電するので，二酸化炭素を排出しない。
- **原子力発電**…ウランの核分裂による熱を利用して蒸気をつくり発電するので，二酸化炭素を排出しない。放射能もれなどの問題がある。
- **再生可能エネルギー**…太陽光発電，風力発電，地熱発電など。

主な発電所

水力発電所
ダムの建設に適した山間部に多い。

原子力発電所
冷却水を得やすい海沿いに多い。

火力発電所
燃料の輸送に適した海沿いで，工業地帯や大都市に近いところに多い。

ゼッタイ！これだけ

① 日本の主な資源の輸入先…原油：サウジアラビアなど
石炭・鉄鉱石：オーストラリアなど

② 日本の発電…輸入燃料による**火力発電**が中心。原子力発電・水力発電も行われている

練習問題 ➡解答は別冊 p.10

1章 世界と日本の地域構成

2章 世界の人々の生活と環境

3章 世界の諸地域

4章 身近な地域の調査

5章 日本の地域的特色

6章 日本の諸地域

❶ 日本の資源・エネルギーについて，各問いに答えなさい。

(1) 日本が西アジアから多く輸入している鉱産資源は何か，答えなさい。

(2) 日本がオーストラリアから多く輸入している鉱産資源は何か，次の**ア～ウ**から二つ選び，答えなさい。

ア 鉄鉱石　　**イ** 石油　　**ウ** 石炭

❷ 日本のエネルギーについて，地図を見て，各問いに答えなさい。

(1) **地図のA～C**にあてはまる発電所の種類を答えなさい。

A 　　　　　　　　　発電所

B 　　　　　　　　　発電所

C 　　　　　　　　　発電所

地図

● A
● B
　C

(2) 風力発電など，環境にやさしいエネルギーを何というか，答えなさい。

エコってやつだね！

5 日本の交通網

なぜ学ぶの?
みんなは電車や自動車を使って移動することが多いよね。人だけでなくモノもこれらの交通手段を使って運ばれているよ。全国各地に交通網がはりめぐらされているから，移動時間が短縮されているんだ。

1 日本の交通網は全国各地に広がっている

これが大事!

交通網の発達により都市部と地方の移動時間が短縮。

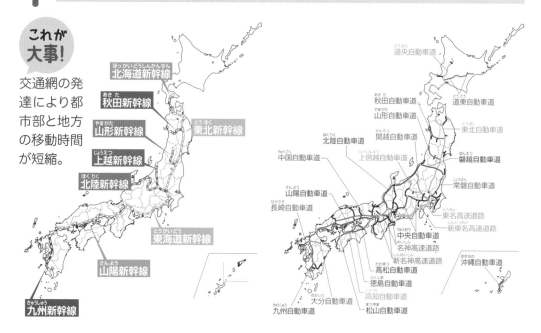

2 いまの輸送手段は貨物も人も自動車中心!

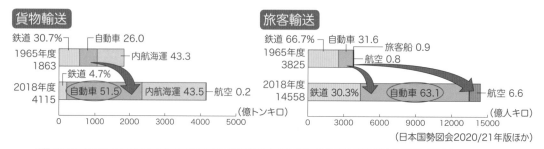

貨物輸送

鉄道 30.7%　自動車 26.0
1965年度　1863　内航海運 43.3
鉄道 4.7%
2018年度　4115　自動車 51.5　内航海運 43.5　航空 0.2
（億トンキロ）

旅客輸送

鉄道 66.7%　自動車 31.6　旅客船 0.9
1965年度　3825　航空 0.8
2018年度　14558　鉄道 30.3%　自動車 63.1　航空 6.6
（億人キロ）
（日本国勢図会2020/21年版ほか）

ゼッタイ! これだけ

①高速道路網・新幹線路線網の発達…物の輸送や人の移動が便利に。都市部と地方との結びつきが強まる
②高速道路網の発達…鉄道から自動車が輸送の中心に

練習問題 →解答は別冊 p.10

1章 世界と日本の地域構成

2章 世界の人々の生活と環境

3章 世界の諸地域

4章 身近な地域の調査

5章 日本の地域的特色

6章 日本の諸地域

❶ 日本の交通網について，地図を見て，各問いに答えなさい。

(1) A〜Cの新幹線の名前を答え
なさい。

地図

A

B

C

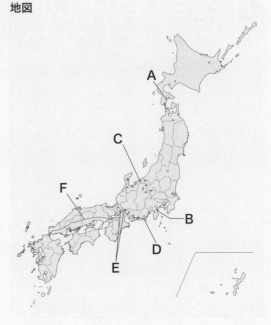

(2) D〜Fの高速道路の名前を答
えなさい。

D

E

F

❷ 日本の交通について，次の文の①・②にあてはまることばを1つずつ選び，
記号で答えなさい。

> 1965年度は①(ア 鉄道・イ 自動車)や船が輸送の中心で，現在は，貨
> 物輸送も人の輸送も②(ア 航空機・イ 自動車)による輸送が中心であ
> る。

①   ②

家から学校まで瞬間移動
できればもっと寝られるのに〜！

おさらい問題

① 日本の地形について, 各問いに答えなさい。

(1) 三陸海岸などに見られる, のこぎりの歯のように入り組んだ海岸を何というか, 答えなさい。

海岸

(2) 3000mをこす山が連なり, 日本アルプスとよばれる山脈は, 木曽山脈, 赤石山脈と何か, 答えなさい。

山脈

(3) 川が山地から平地に出るところに土砂が扇形に堆積してできた地形を何というか, 答えなさい。

② 日本の気候・自然災害について, 各問いに答えなさい。

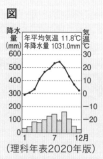

図

(1) **図**の気候はどこのものか, 次の**ア〜エ**から選び, 記号で答えなさい。
 ア 瀬戸内　　**イ** 中央高地
ウ 太平洋側　**エ** 北海道

(2) 図の気候について, 次の文の①・②にあてはまることばを1つずつ選び, 記号で答えなさい。

> この気候に属する場所は, 年中降水量が① (**ア** 多く・**イ** 少なく), 夏と冬の気温差が② (**ア** 大きい・**イ** 小さい)。

①　　　　　　②

1章 世界と日本の地域構成

2章 世界の人々の生活と環境

3章 世界の諸地域

4章 身近な地域の調査

5章 日本の地域的特色

6章 日本の諸地域

❸ **日本の人口について，各問いに答えなさい。**

(1) **右図**を見て，次の文の（　　　）にあてはまることばを書きなさい。

図
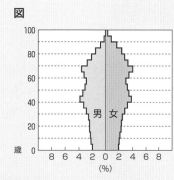

この国では（　　　）が進行している。

(2) 人口の減少により，高齢化，バスや鉄道などの交通機関・学校や病院などの公共機関や施設の廃止などの問題が起きることを何というか，答えなさい。

❹ **日本の資源・エネルギーについて，各問いに答えなさい。**

(1) ダムの建設に適した山間部に多い発電所を答えなさい。

(2) 2019年現在，日本の石炭の主な輸入先はどこか，答えなさい。

❺ **日本の交通網について，各問いに答えなさい。**

地図

(1) **地図**内の①，②の自動車道の名前を答えなさい。

①

②

(2) 1965年度に旅客輸送の中心だった手段は何か，答えなさい。

テストで良い点取れたら
ご褒美がもらえるかも…？

6 日本の農業

なぜ学ぶの？

日本には全国各地に農家があるんだよ。P.54で学習した気候のちがいなどを生かして，その地域にあった特色のある農業が行われているんだ。

これが大事！ 抑制栽培
野菜などの生育を遅らせ，出荷時期をずらして栽培する方法。キャベツやレタスなど。

■ =米の生産高上位5道県（2019年）
（日本国勢図会2020/21年版）

中央高地の高原
高原野菜の抑制栽培がさかん。

沖縄県
暖かい気候に適した農産物を生産。

九州・四国地方
野菜の促成栽培，畜産，果樹栽培がさかん。

シラス台地
茶・さつまいも・畜産など。

石狩平野

北海道地方
大規模な農業。

東北・北陸地方
稲作がさかん。

津軽平野

根釧台地
酪農がさかん。

庄内平野

十勝平野

越後平野

長野県

山形県

福島県

関東平野

静岡県　甲府盆地

関東地方
近郊農業がさかん。

和歌山県

高知平野　愛媛県

宮崎平野

これが大事！ 促成栽培
冬でも温暖な気候やビニルハウスなどを利用し，野菜の生育を早めて出荷する栽培方法。ナスやピーマンなど。

これが大事！ 近郊農業
大都市周辺で行われる，大都市へ出荷することを目的に，野菜や花などの作物を栽培する園芸農業。

●若い人の農業離れが進み，高齢化が進む。
→農業で働く人の約7割が65歳以上の高齢者。あと継ぎ不足が課題となっている。

ゼッタイ！これだけ

①近郊農業…関東平野など大都市近郊の平野

②促成栽培…高知平野・宮崎平野

③抑制栽培…中央高地

練習問題 ➡解答は別冊 p.11

1章 世界と日本の地域構成

2章 世界の人々の生活と環境

3章 世界の諸地域

4章 身近な地域の調査

5章 日本の地域的特色

6章 日本の諸地域

❶ 日本の農業について，地図を見て，各問いに答えなさい。

(1) **地図のA～Cの地域でさかんな農業を，次の語群から選んで答えなさい。**

語群［稲作　酪農　畜産］　　　　地図

A

B

C

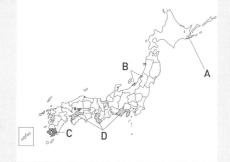

(2) 地図の**D**の県で多く栽培されている農作物を，次の**ア～エ**から1つ選び，記号で答えなさい。

ア りんご　　**イ** メロン　　**ウ** みかん　　**エ** さくらんぼ

(3) 冬でも温暖な気候を利用して，ビニルハウスなどで作物の生育を早めて出荷する栽培方法を何というか，答えなさい。

栽培

(4) 大都市周辺で行われる，都市への出荷を目的に野菜や花などを栽培する園芸農業を何というか，答えなさい。

農業

レタス食べたら
眠くなっちゃった…。

7 日本の水産業

なぜ学ぶの?

私たちの食卓には日常的に魚がならぶよね。日本は四方を海に囲まれているから，昔から水産業（漁業）がさかんなんだよ。安定した漁獲量を確保するために，近年はとる漁業から育てる漁業へ重点がうつりつつあるんだ。

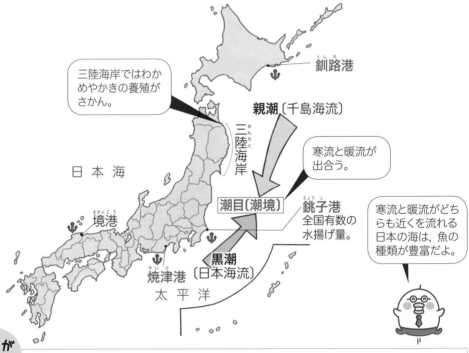

三陸海岸ではわかめやかきの養殖がさかん。

釧路港

親潮〔千島海流〕

寒流と暖流が出合う。

潮目（潮境）

銚子港
全国有数の水揚げ量。

寒流と暖流がどちらも近くを流れる日本の海は，魚の種類が豊富だよ。

三陸海岸

日本海

境港

焼津港

黒潮〔日本海流〕

太平洋

これが大事！ とる漁業から育てる漁業へ転換している。

●とる漁業…川や海へ漁に出て魚介類をとる。

・沿岸漁業…海岸近くの海で行う。

・沖合漁業…沖合の漁場で行う。

・遠洋漁業…日本から離れた海で数か月にわたって行う。

●育てる漁業…人間の手で魚介類を育てる。

・養殖漁業…人工の池や網で囲った海で大きくなるまで人工的に育てて出荷する。

・栽培漁業…卵からふ化させた稚魚や稚貝をある程度の大きさまで育てた後，自然の川や海に放流して，成長させてからとる。

①おもな漁港…釧路港，銚子港，焼津港

②日本の水産業…とる漁業から育てる漁業へ

練習問題 →解答は別冊 p.11

1章 世界と日本の地域構成

2章 世界の人々の生活と環境

3章 世界の諸地域

4章 身近な地域の調査

5章 日本の地域的特色

6章 日本の諸地域

① 日本の水産業について，地図を見て，各問いに答えなさい。

(1) **地図のA～C**にあてはまる漁港名を語群から選び，答えなさい。

語群［釧路港　焼津港　銚子港］

A

B

C

地図

(2) 沖合で寒流と暖流がぶつかり好漁場となっている**X**を何というか，答えなさい。

② 漁業の種類について，各問いに答えなさい。

(1) 日帰りから数日かけて沖合の漁場で行う漁業は何か答えなさい。

漁業

(2) 卵からふ化させた稚魚などをある程度の大きさまで育てた後，川や海に放流して，成長させてからとる漁業は何か答えなさい。

漁業

魚食べたい！

67

8 日本の工業・第3次産業

なぜ学ぶの？

日本の工業地帯・地域は太平洋ベルトという海岸沿いの地帯に集中しているんだよ。これは，原料や製品の輸送に便利だからなんだ。工業地帯・地域名とその場所をしっかりおさえておこう。

1 太平洋ベルトに工業地帯・工業地域が集中

これが大事！

太平洋ベルト
工業地帯・工業地域が連なる地帯。

北陸工業地域
伝統工業をもとに発達。

北関東工業地域
電気機械・自動車などの機械工業がさかん。

東海工業地域
楽器，オートバイ，製紙・パルプなど。

京葉工業地域
石油化学工業・鉄鋼業がさかん。

北九州工業地域
八幡製鉄所を中心に発展。

京浜工業地帯
機械工業の割合が大きい。印刷業が発達。

中京工業地帯
最も出荷額が大きい。自動車工業がさかん。

瀬戸内工業地域
化学工業の占める割合が大きい。

阪神工業地帯
他の工業地帯と比べ金属工業の割合が大きい。

2 日本では第3次産業がさかん！

第3次産業
商業，サービス業，金融業，運輸業，情報通信業，医療・福祉業など

産業別就業者数割合

	第1次産業 3.3%	
第2次産業 23.2		第3次産業 73.5

（2019年度労働力調査）

ゼッタイ！これだけ

① 太平洋ベルト…工業地帯・工業地域が連なる地帯
② 第3次産業…商業，サービス業，金融業，運輸業，情報通信業，医療・福祉業など

1章 世界と日本の地域構成

2章 世界の人々の生活と環境

3章 世界の諸地域

4章 身近な地域の調査

5章 日本の地域的特色

6章 日本の諸地域

練習問題 →解答は別冊 p.11・12

❶ 日本の工業地帯・地域について，地図を見て，各問いに答えなさい。

(1) **地図のA〜D**にあてはまる工業地帯・地域名を答えなさい。

A

B

C

D

地図

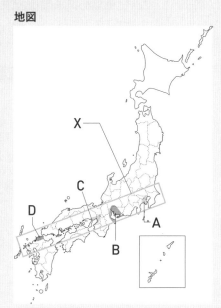

(2) 工業地帯や工業地域が連なる**地図のX**の地帯を何というか，答えなさい。

❷ 第3次産業に含まれないものを，次のア〜エから1つ選び，記号で答えなさい。

ア 観光業　　イ 建設業　　ウ 金融業　　エ 運輸業

工業地帯はバッチリ！

9 日本の貿易

なぜ学ぶの？

日本は機械類を中心にさまざまな品目の貿易を行っているんだ。中国やアメリカなど，貿易の相手国は政治上でも重要な意味をもってくることが多いからしっかりおさえておこう。

1 日本の貿易は機械類中心！

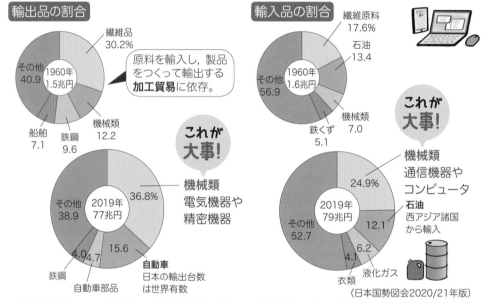

輸出品の割合

1960年 1.5兆円
- 繊維品 30.2%
- その他 40.9
- 船舶 7.1
- 鉄鋼 9.6
- 機械類 12.2

原料を輸入し，製品をつくって輸出する**加工貿易**に依存。

2019年 77兆円
- 機械類 36.8%
- その他 38.9
- 鉄鋼 4.0
- 自動車部品 4.7
- 自動車 15.6

これが大事！ **機械類** 電気機器や精密機器

自動車 日本の輸出台数は世界有数

輸入品の割合

1960年 1.6兆円
- 繊維原料 17.6%
- 石油 13.4
- その他 56.9
- 機械類 7.0
- 鉄くず 5.1

2019年 79兆円
- 機械類 24.9%
- その他 52.7
- 石油 12.1
- 液化ガス 6.2
- 衣類 4.1

これが大事！ **機械類** 通信機器やコンピュータ **石油** 西アジア諸国から輸入

（日本国勢図会2020/21年版）

・貿易摩擦解消のため，国内企業の生産拠点を海外に移転し，現地生産化を進めた結果，国内産業が衰退（**産業の空洞化**）。

2 おもな貿易相手国は中国とアメリカ

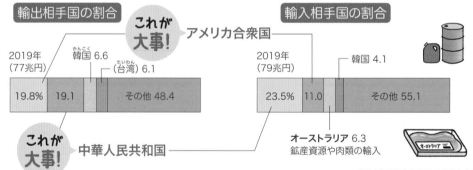

輸出相手国の割合

これが大事！
アメリカ合衆国

2019年（77兆円）
- 19.8%
- 19.1
- 韓国 6.6
- （台湾）6.1
- その他 48.4

これが大事！ 中華人民共和国

輸入相手国の割合

2019年（79兆円）
- 23.5%
- 11.0
- 韓国 4.1
- その他 55.1

オーストラリア 6.3 鉱産資源や肉類の輸入

（日本国勢図会2020/21年版）

ゼッタイ！これだけ
①輸出…機械類・自動車／輸入…機械類・石油
②貿易相手国…中国の割合が大きくなっている

練習問題 →解答は別冊 p.12

1章 世界と日本の地域構成

2章 世界の人々の生活と環境

3章 世界の諸地域

4章 身近な地域の調査

5章 日本の地域的特色

6章 日本の諸地域

❶ 日本の貿易について，各問いに答えなさい。

(1) 日本の貿易において輸出入の割合がともにもっとも大きい品目を，次の**ア**
　～エから1つ選び，記号で答えなさい。
　　ア 石油　　**イ** 自動車　　**ウ** 機械類　　**エ** 食料品

(2) 日本の貿易において(1)の次に輸出量が多いものは何か，答えなさい。

(3) 日本の貿易相手国として輸出・輸入ともに上位の国を，次の**ア～エ**から2つ
　選び，記号で答えなさい。
　　ア 中国　　**イ** オーストラリア　　**ウ** ベトナム　　**エ** アメリカ合衆国

(4) 日本がおもに鉱産資源や肉類を輸入している国を，次の**ア～エ**から選び，
　記号で答えなさい。
　　ア 中国　　**イ** オーストラリア　　**ウ** イギリス　　**エ** ロシア

肉も食べたい！

おさらい問題

① 日本の農業について，各問いに答えなさい。

(1) 中央高地でとくにさかんな農業を，次の**ア～エ**から1つ選び，記号で答えなさい。
ア 稲作　**イ** 畜産　**ウ** 近郊農業　**エ** 高原野菜の抑制(よくせい)栽培

(2) 現在，農業で働く人の約何割が65歳以上の高齢者(こうれいしゃ)か，答えなさい。

割

② 日本の水産業について，各問いに答えなさい。

(1) 日本から離れた海で数か月にわたって行う漁業は何か答えなさい。

(2) 魚介類を人工の池や網(あみ)で囲った海で，大きくなるまで人工的に育てて，出荷する漁業は何か答えなさい。

(3) 次の文の①，②にあてはまることばを選び，記号で答えなさい。

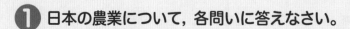

日本の水産業は(　①　)から(　②　)に重点が移りつつある。

ア 育てる漁業　**イ** かきの養殖　**ウ** とる漁業　**エ** 沖合漁業

①　　　　　②

1章 世界と日本の地域構成

2章 世界の人々の生活と環境

3章 世界の諸地域

4章 身近な地域の調査

5章 日本の地域的特色

6章 日本の諸地域

❸ 日本の工業・産業について, 各問いに答えなさい。

(1) 中京工業地帯でもっともさかんな工業は, 機械工業に分類されます。工業名を答えなさい。

(2) 産業を3つに分類したとき, 金融業は第何次産業か, 答えなさい。

第　　　　　　　　次産業

❹ 日本の貿易について, 下のグラフを見て, 次の文にあてはまることばをア～カから選びなさい。

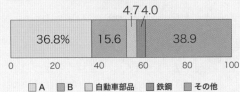

| 36.8% | 15.6 | 4.7 | 4.0 | 38.9 |

0　20　40　60　80　100

□A　■B　□自動車部品　■鉄鋼　■その他

このグラフは, 日本の ① 品の割合を示すもので, Aには ② ,
Bには ③ が入る。

ア 輸入　　イ 輸出　　ウ 衣類　　エ 機械類
オ 石油　　カ 自動車

①　　　　　　　　②　　　　　　　　③

順調！
順調！

1 九州地方の自然・農林水産業

なぜ学ぶの？

九州地方では，温暖な気候や火山の噴出物でできた土地が，その地域でさかんな農業に関係しているよ。地形と農業をセットでおさえておこう。

阿蘇山
世界有数のカルデラ。

筑紫山地

九州山地
林業がさかん。

これが大事！

宮崎平野
温暖な気候を利用した，ピーマンやキュウリの促成栽培がさかん。

筑紫平野
稲作がさかん。近年は近郊農業も発達。

これが大事！

対馬

福岡県

佐賀県

大分県

有明海
のりの養殖がさかん。

長崎県

熊本県

宮崎県

雲仙岳(普賢岳)

熊本平野

鹿児島県

シラス台地
火山の噴出物が積もってできた台地。
畜産や茶の栽培がさかん。

桜島
火山活動がさかん。
噴火すると火山灰が降ることも。

温泉もたくさんあるんだよ。

沖縄県

屋久島
世界自然遺産

沖縄島
さとうきび・パイナップル・電照菊の栽培。

・九州地方は梅雨前線や台風の影響で，集中豪雨による洪水・がけ崩れなどの災害が多い。

ゼッタイ！これだけ

①筑紫平野…稲作がさかん。二毛作

②有明海…のりの養殖がさかん

③宮崎平野…促成栽培がさかん

74

練習問題 →解答は別冊 p.13

→解答は別冊 p.13

❶ 九州地方について，地図を見て，各問いに答えなさい。

(1) 地図のA～Dにあてはまる地形名を答えなさい。

A □□□□□□ 海

B □□□□□□ 平野

C □□□□□□ 山

D □□□□□□ 島

地図

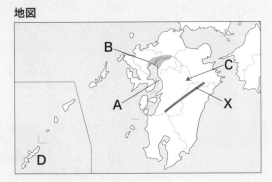

(2) 林業がさかんな，Xの山地を何というか，答えなさい。

□□□□□□ 山地

❷ 九州地方の農業について，各問いに答えなさい。

(1) 宮崎平野で行われている，ビニルハウスで生産し，出荷時期を早める栽培方法を何というか，答えなさい。

□□□□□□ 栽培

(2) 沖縄県でさかんに生産されている農作物にあてはまらないものを，次のア～エから1つ選び，記号で答えなさい。

ア パイナップル　　イ 電照菊　　ウ さとうきび　　エ ピーマン

□□□□□□

電照菊って
食える？

1章 世界と日本の地域構成

2章 世界の人々の生活と環境

3章 世界の諸地域

4章 身近な地域の調査

5章 日本の地域的特色

6章 日本の諸地域

75

2 九州地方の工業・文化

なぜ学ぶの？ 九州地方は，かつては北九州で鉄鋼業がさかんだったけど，近年は九州全体にIC〔集積回路〕関係の工場が進出したり，北部には自動車工場も増えたりしているんだよ。今も昔も工業がさかんな地域なんだ。

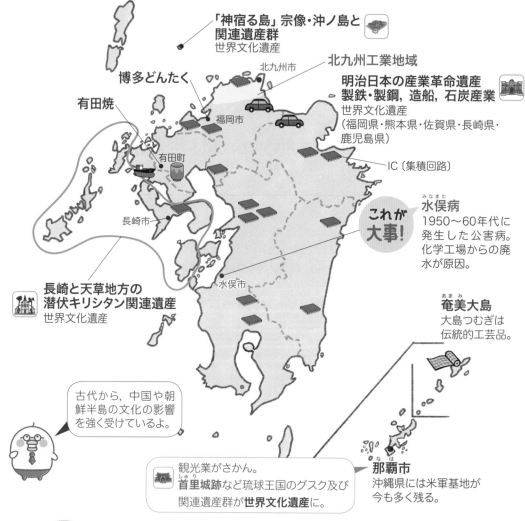

「神宿る島」宗像・沖ノ島と関連遺産群
世界文化遺産

博多どんたく

有田焼

北九州市

北九州工業地域

明治日本の産業革命遺産
製鉄・製鋼，造船，石炭産業
世界文化遺産
（福岡県・熊本県・佐賀県・長崎県・鹿児島県）

福岡市

有田町

IC〔集積回路〕

長崎市

これが大事！

水俣病
1950〜60年代に発生した公害病。化学工場からの廃水が原因。

奄美大島
大島つむぎは伝統的工芸品。

長崎と天草地方の潜伏キリシタン関連遺産
世界文化遺産

水俣市

古代から，中国や朝鮮半島の文化の影響を強く受けているよ。

観光業がさかん。**首里城跡**など琉球王国のグスク及び関連遺産群が**世界文化遺産**に。

那覇市
沖縄県には米軍基地が今も多く残る。

これが大事！
・鉄鋼業が発達したため，大気汚染や水質汚濁が進んでいた福岡県北九州市や，水俣病が発生した熊本県水俣市は，ごみの分別やリサイクルに積極的に取り組み，**環境モデル都市**に認定されている。

ゼッタイ！これだけ
①水俣病…熊本県水俣市で発生した公害病
②環境モデル都市…ごみの分別やリサイクルに積極的に取り組む都市

練習問題 ➡解答は別冊 p.13

1章 世界と日本の地域構成

2章 世界の人々の生活と環境

3章 世界の諸地域

4章 身近な地域の調査

5章 日本の地域的特色

6章 日本の諸地域

❶ 九州地方の工業について，地図を見て，各問いに答えなさい。

(1) **地図のA**の地域に広がっている
工業地域を何というか，答えな
さい。

地図

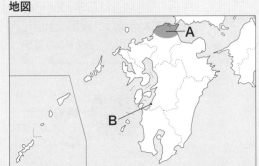

(2) **地図のB**の都市はごみの分別や
リサイクルに積極的に取り組み，
何に認定されているか，答えな
さい。

(3) **地図のB**の周辺でおこった公害病を，次の**ア〜ウ**から1つ選び，記号で答
えなさい。
ア 四日市ぜんそく　　**イ** 水俣病　　**ウ** イタイイタイ病

**❷ 九州地方の文化について，首里城跡などが世界文化遺産に登録されてい
る県はどこか，答えなさい。**

県

九州の温泉めぐり
したい〜！

3 中国・四国地方の自然・農林水産業

なぜ学ぶの？

中国・四国地方は日本海側・瀬戸内・太平洋側の3つの地域にわけられるよ。日本海側では乾燥した農地を利用してらっきょうやなし，瀬戸内・太平洋側では温暖な気候を利用してみかんの栽培や促成栽培がさかんなんだ。

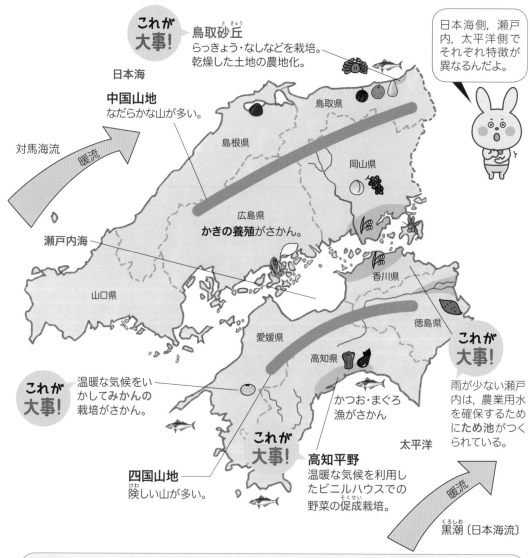

これが大事！
鳥取砂丘
らっきょう・なしなどを栽培。乾燥した土地の農地化。

日本海側，瀬戸内，太平洋側でそれぞれ特徴が異なるんだよ。

日本海

中国山地
なだらかな山が多い。

鳥取県

島根県

対馬海流　暖流

岡山県

広島県
かきの養殖がさかん。

瀬戸内海

香川県

山口県

徳島県

これが大事！
雨が少ない瀬戸内は，農業用水を確保するためにため池がつくられている。

愛媛県

高知県

これが大事！
温暖な気候をいかしてみかんの栽培がさかん。

かつお・まぐろ漁がさかん

太平洋

これが大事！

四国山地
険しい山が多い。

高知平野
温暖な気候を利用したビニルハウスでの野菜の促成栽培。

暖流

黒潮〔日本海流〕

ゼッタイ！これだけ

① 鳥取砂丘…乾燥した土地の農地化
② 愛媛県…みかんの栽培がさかん
③ 高知平野…促成栽培がさかん

練習問題 →解答は別冊 p.13

1章 世界と日本の地域構成

2章 世界の人々の生活と環境

3章 世界の諸地域

4章 身近な地域の調査

5章 日本の地域的特色

6章 日本の諸地域

① 地図のA〜Dにあてはまる地形名を答えなさい。

A _____ 山地

B _____ 海

C _____ 砂丘

D _____ 平野

地図

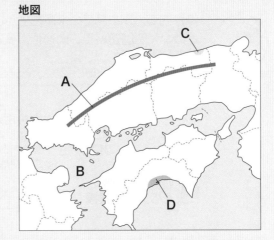

② 中国・四国地方の農業・水産業について, 各問いに答えなさい。

(1) 高知平野で行われている農業について正しく説明しているものを, 次の**ア〜ウ**から1つ選び, 記号で答えなさい。

ア 温暖で雨の少ない気候を利用したみかんなどの栽培。

イ 温暖な気候を利用した野菜の促成栽培。

ウ 乾燥した土地の農地化の取り組み。

_____

(2) 瀬戸内海でさかんに行われている, かきなどを人工的に育てて収穫する漁業を何というか, 答えなさい。

_____ 漁業

食べ物の話
されるとお腹が
すくんだよな…。

4 中国・四国地方の工業・文化

なぜ学ぶの?

瀬戸内海沿岸ではその水運を生かして古くから工業がさかんだよ。瀬戸大橋などの本州四国連絡橋の開通によって，通勤・通学や買い物で本州と四国地方を移動する人が多くなったよ。

倉敷市水島地区
石油化学コンビナートや製鉄所があり，石油化学工業や鉄鋼業がさかん。

出雲大社

石見銀山遺跡とその文化的景観
世界文化遺産

原爆ドーム
世界文化遺産

厳島神社
世界文化遺産

これが大事！

瀬戸大橋 岡山県と香川県を結ぶ。

備前市

尾道市　倉敷市

広島市

坂出市　徳島市

大鳴門橋
兵庫県と徳島県を結ぶ。

今治市

しまなみ海道
広島県と愛媛県を結ぶ。

これが大事！

瀬戸内工業地域
金属・化学工業がさかん。

これが大事！

阿波踊り
徳島市などで行われる盆踊り。日本各地に広がった。

ゼッタイ！これだけ

①瀬戸内工業地域…金属・化学工業がさかん

②瀬戸大橋…岡山県と香川県を結ぶ

③阿波踊り…徳島市などで行われる盆踊り

1章 世界と日本の地域構成

2章 世界の人々の生活と環境

3章 世界の諸地域

4章 身近な地域の調査

5章 日本の地域的特色

6章 日本の諸地域

練習問題 →解答は別冊 p.13

① 地図の**A**にあてはまる工業地域名，**B**・**C**にあてはまる世界遺産名，**D**にあてはまる本州と四国を結ぶ橋の名称を答えなさい。

A ＿＿＿＿＿＿＿ 工業地域

B ＿＿＿＿＿＿＿ 遺跡

C ＿＿＿＿＿＿＿

D ＿＿＿＿＿＿＿

地図

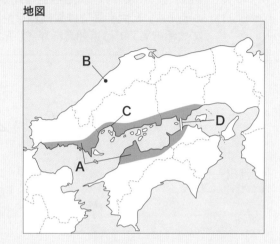

② 中国・四国地方の工業について，各問いに答えなさい。

(1) 地図の**A**の工業地域でさかんな工業を，次の**ア〜ウ**から1つ選び，記号で答えなさい。

ア 金属工業　　**イ** 印刷工業　　**ウ** 食料品工業

(2) 石油化学工業が発達した倉敷市の地区名を答えなさい。

地区

広島には原爆ドームがあるよ。核兵器はもたず，つくらず，もちこませず！

5 近畿地方の自然・農林水産業

なぜ学ぶの？

近畿地方には日本一大きな琵琶湖や紀伊半島など，必ずおぼえておきたい自然があるよ。紀伊半島では果樹栽培や林業がさかんだけど，京都・大阪・神戸などの大都市周辺では近郊農業がさかんなんだ。

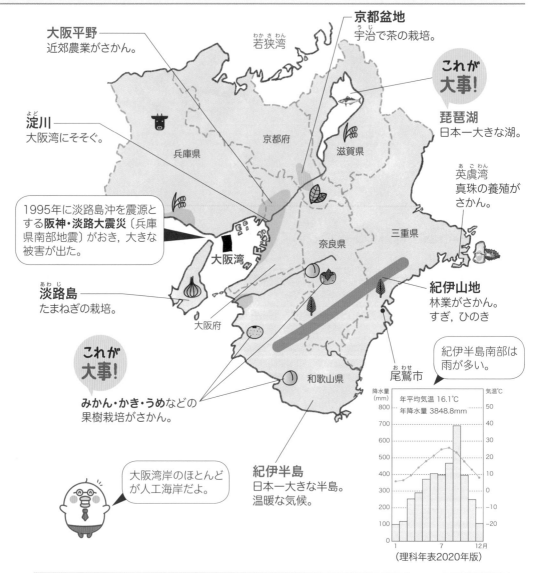

大阪平野
近郊農業がさかん。

若狭湾

京都盆地
宇治で茶の栽培。

これが**大事！**

琵琶湖
日本一大きな湖。

淀川
大阪湾にそそぐ。

京都府

滋賀県

兵庫県

英虞湾
真珠の養殖がさかん。

1995年に淡路島沖を震源とする**阪神・淡路大震災**〔兵庫県南部地震〕がおき，大きな被害が出た。

大阪湾

奈良県

三重県

淡路島
たまねぎの栽培。

大阪府

紀伊山地
林業がさかん。
すぎ，ひのき

これが**大事！**

紀伊半島南部は雨が多い。

みかん・かき・うめなどの果樹栽培がさかん。

和歌山県

尾鷲市

大阪湾岸のほとんどが人工海岸だよ。

紀伊半島
日本一大きな半島。
温暖な気候。

降水量(mm)　年平均気温 16.1℃　気温℃
年降水量 3848.8mm
800　　　　　　　　　　　50
700　　　　　　　　　　　40
600　　　　　　　　　　　30
500　　　　　　　　　　　20
400　　　　　　　　　　　10
300　　　　　　　　　　　0
200　　　　　　　　　　　−10
100　　　　　　　　　　　−20
0
1　　　7　　　12月
(理科年表2020年版)

ゼッタイ！これだけ

①琵琶湖，紀伊半島…日本一大きい

②**大阪平野**…近郊農業

③**紀伊半島**…みかん，かき，うめ，すぎ，ひのき

練習問題 →解答は別冊 p.13・14

① 地図のA～Dにあてはまる地形名を答えなさい。

A

B

C

D

地図

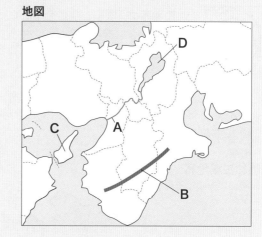

② 近畿地方の自然と産業について，各問いに答えなさい。

(1) 紀伊山地でさかんな産業を，次の**ア～ウ**から1つ選び，記号で答えなさい。
　ア すぎ・ひのきを中心にした林業
　イ 大消費地を背景とした近郊農業
　ウ 涼しい気候を利用した高原野菜の栽培

(2) 京都府の宇治で生産がさかんな農産物を，次の**ア～ウ**から1つ選び，記号で答えなさい。
　ア たまねぎ　　**イ** みかん　　**ウ** 茶

zzz…
あっ寝てた！？

1章 世界と日本の地域構成

2章 世界の人々の生活と環境

3章 世界の諸地域

4章 身近な地域の調査

5章 日本の地域的特色

6章 日本の諸地域

6 近畿地方の工業・文化

なぜ学ぶの？

近畿地方は，京都と奈良を中心に，長い間政治や文化の中心だったんだ。だから，有名なお寺や神社も多いし，世界文化遺産がたくさんあるんだよ。この単元を学習することで歴史分野の理解も深まるよ。

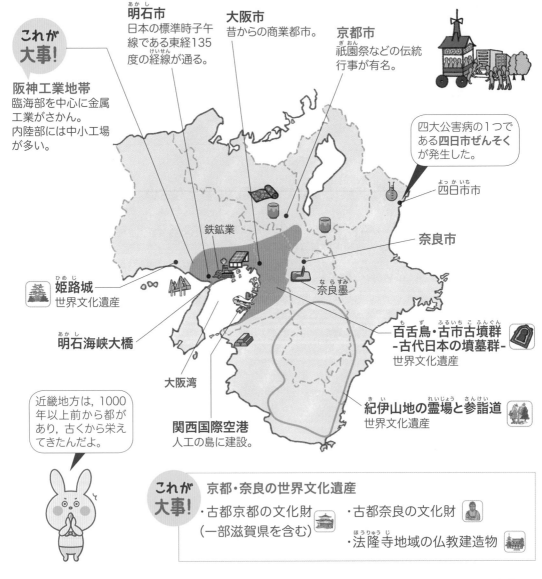

明石市
日本の標準時子午線である東経135度の経線が通る。

大阪市
昔からの商業都市。

京都市
祇園祭などの伝統行事が有名。

これが大事！

阪神工業地帯
臨海部を中心に金属工業がさかん。内陸部には中小工場が多い。

四大公害病の1つである四日市ぜんそくが発生した。

四日市市

鉄鉱業

奈良市

姫路城
世界文化遺産

奈良墨

明石海峡大橋

百舌鳥・古市古墳群
-古代日本の墳墓群-
世界文化遺産

大阪湾

近畿地方は，1000年以上前から都があり，古くから栄えてきたんだよ。

関西国際空港
人工の島に建設。

紀伊山地の霊場と参詣道
世界文化遺産

これが大事！ 京都・奈良の世界文化遺産
・古都京都の文化財　　　　・古都奈良の文化財
　（一部滋賀県を含む）　　・法隆寺地域の仏教建造物

ゼッタイ！これだけ
①阪神工業地帯…臨海部から内陸部に広がる，金属工業がさかん
②京都・奈良…世界文化遺産が多数ある

1章 世界と日本の地域構成

2章 世界の人々の生活と環境

3章 世界の諸地域

4章 身近な地域の調査

5章 日本の地域的特色

6章 日本の諸地域

練習問題 →解答は別冊 p.14

❶ 地図内のAで行われている祭り
を，次のア〜エから1つ選び，記
号で答えなさい。

ア よさこい祭り　　イ くんち
ウ 阿波(あわ)踊り　　エ 祇園(ぎおん)祭

地図

❷ 近畿地方の工業について，各問
いに答えなさい。

(1) 阪神工業地帯について説明した次の文の①，②にあてはまるものをそれぞ
れ選び，記号で答えなさい。

> 大阪湾の①（ア 臨海部・イ 内陸部）に，金属工業などの②（ア 重化
> 学工業・イ 軽工業）が発達している。

①　　　　　　②

(2) 大阪湾を埋(う)め立(た)ててつくった，人工島にある空港名を答えなさい。

空港

(3) 三重県にある石油化学工業がさかんな都市はどこか，答えなさい。
ヒント 工場から出る煙が原因で公害病がおきました。

市

京都で木刀買ってくる！
かっこいいし！！

7 中部地方の自然・農林水産業

なぜ学ぶの?

中部地方は本州の中央部にあって,内陸と海沿いとの標高差が大きく,気候のちがいもはっきりしているよ。山も川もたくさんあって,それぞれの気候や地形に合わせた産業が行われているよ。

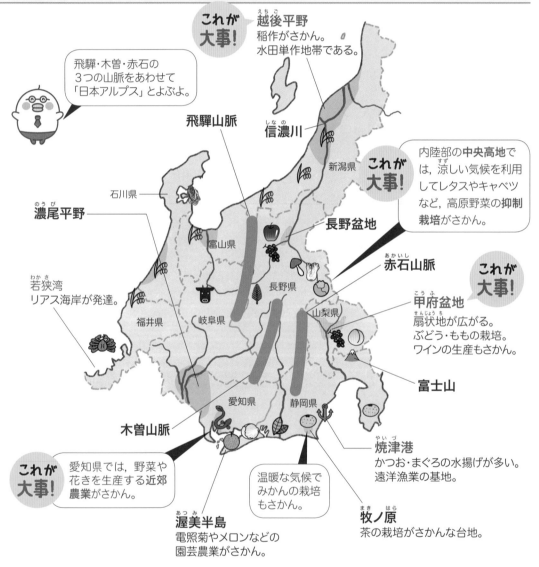

これが大事！
越後平野
稲作がさかん。
水田単作地帯である。

飛騨・木曽・赤石の
3つの山脈をあわせて
「日本アルプス」とよぶよ。

飛騨山脈

信濃川

新潟県

これが大事！
内陸部の**中央高地**では,涼しい気候を利用してレタスやキャベツなど,高原野菜の**抑制栽培**がさかん。

石川県

濃尾平野

富山県

長野盆地

これが大事！

赤石山脈

甲府盆地
扇状地が広がる。
ぶどう・ももの栽培。
ワインの生産もさかん。

若狭湾
リアス海岸が発達。

福井県

長野県

岐阜県

山梨県

富士山

木曽山脈

愛知県

静岡県

焼津港
かつお・まぐろの水揚げが多い。
遠洋漁業の基地。

これが大事！
愛知県では,野菜や花きを生産する**近郊農業**がさかん。

温暖な気候でみかんの栽培もさかん。

牧ノ原
茶の栽培がさかんな台地。

渥美半島
電照菊やメロンなどの園芸農業がさかん。

ゼッタイ！ これだけ
①**越後平野**…稲作がさかん
②**中央高地**…高原野菜の抑制栽培がさかん
③**甲府盆地**…ぶどう,ももの栽培がさかん

1章 世界と日本の地域構成

2章 世界の人々の生活と環境

3章 世界の諸地域

4章 身近な地域の調査

5章 日本の地域的特色

6章 日本の諸地域

練習問題 →解答は別冊 p.14

1 地図のA〜Dにあてはまる地形名を答えなさい。

A 　　　　　　　　　山脈

B 　　　　　　　　　平野

C 　　　　　　　　　盆地

D 　　　　　　　　　山脈

地図

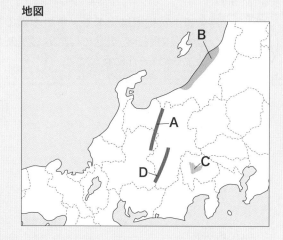

2 中部地方の産業について，各問いに答えなさい。

(1) ①のBで行われている産業の説明として正しいものを，次の**ア〜エ**から1つ選び，記号で答えなさい。
　ア 扇状地（せんじょうち）が発達しており，果樹栽培（さいばい）がさかんである。
　イ 世界有数の豪雪地帯で，水田の単作地帯となっている。
　ウ 遠洋漁業の基地があり，まぐろなどの水揚げが多い。
　エ 涼（すず）しい気候を利用した，野菜の抑制（よくせい）栽培がさかんである。

(2) 次の文にあてはまる県を，**語群**から1つ選び，答えなさい。

> この県では，温暖な気候を利用してみかんの栽培がさかんで，牧ノ原（まきのはら）など水はけのよい台地では，茶の栽培がさかんである。

語群【 石川県　　富山県　　静岡県　　山梨県　　岐阜県 **】**

あったかいから眠くなってきた…。

8 中部地方の工業・文化

なぜ学ぶの？ 中京工業地帯は日本で一番生産額の多い工業地帯であるほか，雪の多い北陸では冬場の副業を土台にした地場産業が発展しているんだ。その影響で伝統的工芸品もたくさんあるんだよ。

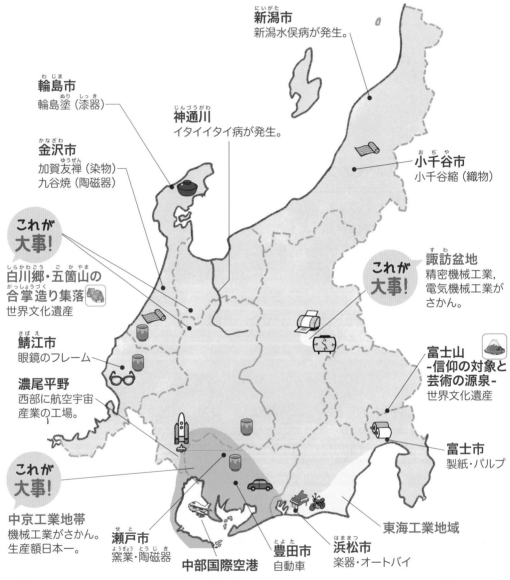

新潟市
新潟水俣病が発生。

輪島市
輪島塗（漆器）

神通川
イタイイタイ病が発生。

金沢市
加賀友禅（染物）
九谷焼（陶磁器）

小千谷市
小千谷縮（織物）

これが **大事！**

白川郷・五箇山の合掌造り集落
世界文化遺産

諏訪盆地
精密機械工業，
電気機械工業が
さかん。

これが **大事！**

鯖江市
眼鏡のフレーム

濃尾平野
西部に航空宇宙
産業の工場。

富士山
-信仰の対象と
芸術の源泉-
世界文化遺産

これが **大事！**

富士市
製紙・パルプ

中京工業地帯
機械工業がさかん。
生産額日本一。

瀬戸市
窯業・陶磁器

中部国際空港

豊田市
自動車

浜松市
楽器・オートバイ

東海工業地域

①中京工業地帯…自動車などの生産がさかん
②諏訪盆地…精密機械，電気機械工業がさかん

練習問題 →解答は別冊 p.14

1章 世界と日本の地域構成

2章 世界の人々の生活と環境

3章 世界の諸地域

4章 身近な地域の調査

5章 日本の地域的特色

6章 日本の諸地域

1 **中部地方の工業・文化について，地図を見て，各問いに答えなさい。**

(1) 地図の**A・B**にあてはまる工業地帯・工業地域名を答えなさい。

A 〔　　　　　　　〕

B 〔　　　　　　　〕

地図

(2) **A**の説明として正しいものを，次の**ア〜ウ**から1つ選び，記号で答えなさい。

ア 豪雪地帯の冬の副業から発達した伝統産業がさかんである。

イ 富士山ろくの豊富な地下水などの水資源を利用した製紙・パルプ工業が発達している。

ウ 自動車工業を中心とした機械工業が発達し，工業製品出荷額が全国一である。

〔　　　　　〕

(3) 地図の**C〜E**の都市で生産される伝統的工芸品の名を，次の**ア〜カ**から1つずつ選び，記号で答えなさい。

ア 小千谷縮　**イ** 信楽焼　**ウ** 加賀友禅
エ 備前焼　**オ** 輪島塗　**カ** 清水焼

C 〔　　　〕　**D** 〔　　　〕　**E** 〔　　　〕

成人式これ
着た〜い！

おさらい問題

① **九州地方，中国・四国地方について，各問いに答えなさい。**

地図1

(1) **地図1のA**に広がる，稲作に向かない火山灰の積もった台地を何というか，答えなさい。

(2) 稲作のほかに裏作として他の作物を栽培する農業を何というか，答えなさい。

(3) 2019年に焼失した城があった，**地図1のB**にある世界文化遺産として登録された文化財は何か，答えなさい。

(4) 次の文の①，②にあてはまる言葉について，下の**ア～エ**から1つずつ選び，記号で答えなさい。

> 瀬戸内は ① ため，農業用水を確保するために， ② がつくられている。

ア 降水量が少ない　**イ** 降水量が多い　**ウ** 用水路　**エ** ため池

① ②

(5) **地図1のC**の複数の橋からなる道は徒歩や自転車でも渡ることができるため，サイクリングを楽しみに観光客がやってくることもある。この道は何とよばれているか，その通称を答えなさい。

1章 世界と日本の地域構成

2章 世界の人々の生活と環境

3章 世界の諸地域

4章 身近な地域の調査

5章 日本の地域的特色

6章 日本の諸地域

2 **近畿地方，中部地方について，各問いに答えなさい。**

(1) **地図2**の**A**に関して，次の文の①，②にあ
てはまる言葉を選び，記号で答えなさい。

地図2

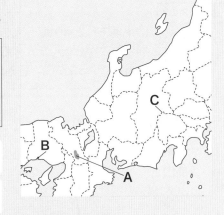

> ここは①（**ア** 京都盆地・**イ** 奈良盆
> 地）で，②（**ア** 梅・**イ** 茶）の栽培が
> さかんです。

① 　　　　　

② 　　　　　

(2) **地図2**の**B**の都市にある，世界文化遺産に登録されている城の名称と，そ
の城がある県の名を答えなさい。

名称 　　　　　　　　　　　　県名 　　　　　　　　　

(3) **地図2**の**C**の付近で，夏でも涼しい気候を利用して栽培されている野菜を
下の**ア～エ**から1つ選び，記号で答えなさい。
ア じゃがいも　　**イ** ごぼう　　**ウ** レタス　　**エ** ピーマン

(4) ピアノなどの楽器やオートバイの生産がさかんな中部地方の工業地域を何
というか，答えなさい。

工業地域

(5) 合掌造りが有名な岐阜県の世界文化遺産は何か，答えなさい。

まだ終わら
ないのかよぉ…。

9 関東地方の自然・農林水産業

なぜ学ぶの？

関東地方は約4000万人の人々が暮らす最も人口の多い地方だよ。江戸幕府が開かれてからだんだん人口が増えていったんだ。都市の住民向けに近郊農業が発展していったので，意外に農業がさかんな地域なんだよ。

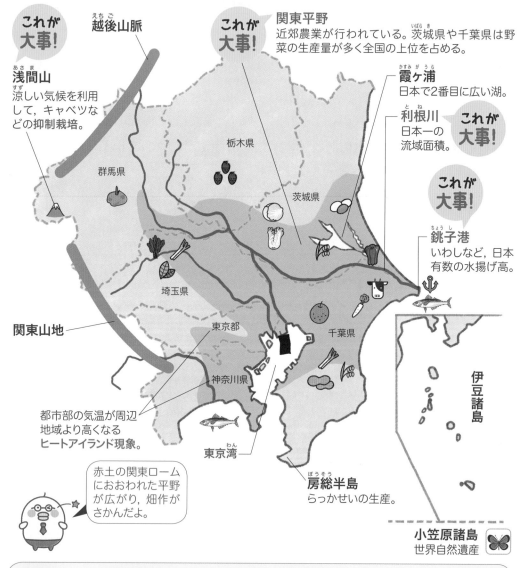

これが大事！

越後山脈

これが大事！

関東平野
近郊農業が行われている。茨城県や千葉県は野菜の生産量が多く全国の上位を占める。

浅間山
涼しい気候を利用して，キャベツなどの抑制栽培。

霞ヶ浦
日本で2番目に広い湖。

利根川
日本一の流域面積。

これが大事！

栃木県

群馬県

茨城県

これが大事！

銚子港
いわしなど，日本有数の水揚げ高。

埼玉県

関東山地

東京都

千葉県

都市部の気温が周辺地域より高くなる**ヒートアイランド現象**。

神奈川県

伊豆諸島

東京湾

房総半島
らっかせいの生産。

赤土の関東ロームにおおわれた平野が広がり，畑作がさかんだよ。

小笠原諸島
世界自然遺産

ゼッタイ！これだけ

①関東平野…日本一広い平野。近郊農業がさかん

②銚子港…日本有数の水揚げ量

③利根川…日本一流域面積の広い川

練習問題 →解答は別冊 p.15

地図のA～Eにあてはまる地形名を答えなさい。

地図

A 〔　　　　　　　　　〕平野

B 〔　　　　　　　　　〕川

C 〔　　　　　　　　　〕半島

D 〔　　　　　　　　　〕山地

E 〔　　　　　　　　　〕湾

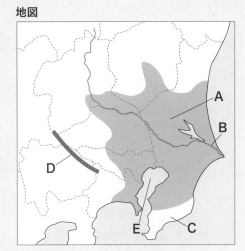

❷ **関東地方の農林水産業について，各問いに答えなさい。**

(1) 関東平野で主に行われている，新鮮な農作物を生産し，都市部に出荷する農業は何か，答えなさい。

〔　　　　　　　　　　　　〕

(2) いわしなど，日本有数の水揚げ高のある千葉県の漁港名を答えなさい。

〔　　　　　　　　　　　　〕港

(3) 浅間山の山ろくで行われている農業について説明した，次の文の（　　　）にあてはまることばを答えなさい。

> 夏でも（　　　　　　　　　　　　）を利用して，キャベツなどの高原野菜を栽培している。

嬬恋のキャベツ
マジでおいしいらしい～。

〔　　　　　　　　　　　　〕

1章 世界と日本の地域構成

2章 世界の人々の生活と環境

3章 世界の諸地域

4章 身近な地域の調査

5章 日本の地域的特色

6章 日本の諸地域

10 関東地方の工業・文化

なぜ学ぶの？

関東地方には首都の東京があるから，日本の政治・経済・文化の中心だよ。情報を扱う仕事は東京に集中しており，印刷工業がさかんなんだ。

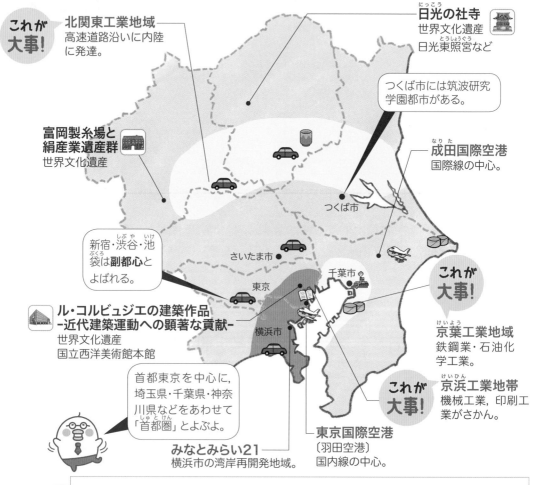

これが大事！
北関東工業地域
高速道路沿いに内陸に発達。

日光の社寺
世界文化遺産
日光東照宮など

つくば市には筑波研究学園都市がある。

富岡製糸場と絹産業遺産群
世界文化遺産

成田国際空港
国際線の中心。

新宿・渋谷・池袋は**副都心**とよばれる。

つくば市

さいたま市

千葉市

これが大事！
京葉工業地域
鉄鋼業・石油化学工業。

東京

横浜市

ル・コルビュジエの建築作品
－近代建築運動への顕著な貢献－
世界文化遺産
国立西洋美術館本館

首都東京を中心に，埼玉県・千葉県・神奈川県などをあわせて「首都圏」とよぶよ。

これが大事！
京浜工業地帯
機械工業，印刷工業がさかん。

みなとみらい21
横浜市の湾岸再開発地域。

東京国際空港
〔羽田空港〕
国内線の中心。

これが大事！
さまざまな都市問題
東京50km圏には日本の約4分の1の人口が集中しており，**過密**状態。それにともなう通勤時間帯の混雑やごみの増加など多くの問題が発生している。

ゼッタイ！これだけ

①京浜工業地帯…機械工業，東京都区部では印刷工業がさかん
②京葉工業地域…鉄鋼業，石油化学工業がさかん
③都市問題…東京とその周辺は過密状態

1章 世界と日本の地域構成

2章 世界の人々の生活と環境

3章 世界の諸地域

4章 身近な地域の調査

5章 日本の地域的特色

6章 日本の諸地域

練習問題 →解答は別冊 p.15

1 関東地方の工業・文化について，地図を見て，各問いに答えなさい。

(1) 地図の**A〜C**にあてはまる工業地帯・工業地域名，**D・E**にあてはまる空港名を答えなさい。

A

B

C

D

E

地図

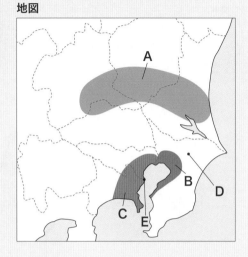

(2) **C**の中で，特に東京都区部に集中している工業を，次の**ア〜エ**から1つ選び，記号で答えなさい。

ア 印刷工業 **イ** 製紙工業 **ウ** せんい工業 **エ** 食料品工業

そろそろゲームの時間かな！？

11 東北地方の自然・農林水産業

なぜ学ぶの？ 東北地方は本州の一番北にある，広い地方だよ。広い土地や昼夜の気温の差を生かして稲作やくだものの栽培がさかんだけれど，冷害が起こることもあるんだ。

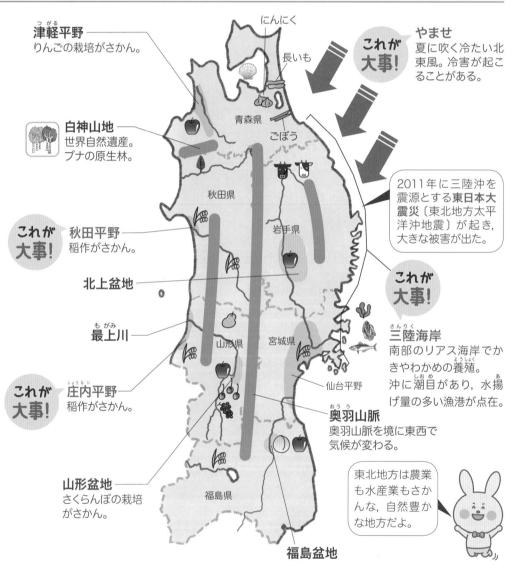

津軽平野
りんごの栽培がさかん。

にんにく

長いも

これが大事！

やませ
夏に吹く冷たい北東風。冷害が起こることがある。

白神山地
世界自然遺産。ブナの原生林。

青森県

ごぼう

これが大事！

秋田平野
稲作がさかん。

秋田県

岩手県

2011年に三陸沖を震源とする**東日本大震災**〔東北地方太平洋沖地震〕が起き，大きな被害が出た。

北上盆地

これが大事！

最上川

山形県

宮城県

三陸海岸
南部のリアス海岸でかきやわかめの養殖。沖に潮目があり，水揚げ量の多い漁港が点在。

これが大事！

庄内平野
稲作がさかん。

仙台平野

奥羽山脈
奥羽山脈を境に東西で気候が変わる。

東北地方は農業も水産業もさかんな，自然豊かな地方だよ。

山形盆地
さくらんぼの栽培がさかん。

福島県

福島盆地

①秋田平野，庄内平野，仙台平野…稲作がさかん
②やませ…夏に吹く冷たい風，冷害
③三陸海岸…養殖がさかん，リアス海岸

練習問題 →解答は別冊 p.15

1章 世界と日本の地域構成

2章 世界の人々の生活と環境

3章 世界の諸地域

4章 身近な地域の調査

5章 日本の地域的特色

6章 日本の諸地域

❶ 地図のA～Dにあてはまる地形名を答えなさい。

A

B

C

D

地図

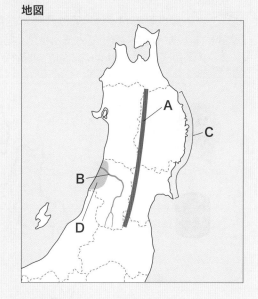

❷ 東北地方の農林水産業について，各問いに答えなさい。

(1) 秋田平野など，東北地方の川沿いの平野で発達している農業を，次の**ア ～ウ**から1つ選び，記号で答えなさい。
  ア 果樹栽培　　**イ** 畑作　　**ウ** 稲作

(2) 冷害を起こすことがある，夏に吹く冷たい北東風を何というか，答えなさい。

お米大好き！

12 東北地方の工業・文化

なぜ学ぶの？

東北地方は，かつては農林水産業が中心だったけど，交通網の発達によって大都市とつながることにより，工場が多くつくられるようになったんだ。日本を代表する伝統行事や伝統的工芸品もたくさんあるからしっかりおぼえておこうね。

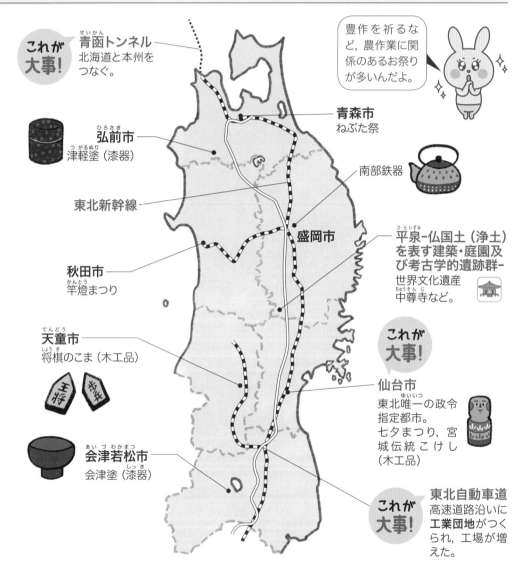

これが大事！
青函トンネル
北海道と本州をつなぐ。

豊作を祈るなど，農作業に関係のあるお祭りが多いんだよ。

青森市
ねぶた祭

弘前市
津軽塗（漆器）

南部鉄器

東北新幹線

盛岡市

秋田市
竿燈まつり

平泉-仏国土（浄土）を表す建築・庭園及び考古学的遺跡群-
世界文化遺産
中尊寺など。

天童市
将棋のこま（木工品）

これが大事！
仙台市
東北唯一の政令指定都市。
七夕まつり，宮城伝統こけし（木工品）

会津若松市
会津塗（漆器）

これが大事！
東北自動車道
高速道路沿いに**工業団地**がつくられ，工場が増えた。

ゼッタイ！これだけ

①仙台市…東北唯一の政令指定都市
②東北自動車道…工業団地がつくられ，工場が増えた
③青函トンネル…青森と函館を結ぶ

練習問題 →解答は別冊 p.15

① 東北地方の交通と文化について，地図を見て，各問いに答えなさい。

(1) **地図**中の鉄道**X**は何か，答えなさい。

(2) ①〜③の伝統的工芸品をつくっている県名を答えなさい。

① 南部鉄器

② 将棋のこま

③ 津軽塗の漆器

地図

(3) ①〜③の祭りが行われている都市を，**地図**中の**ア〜ウ**から１つずつ選びなさい。

① 七夕まつり ② 竿燈まつり ③ ねぶた

よーし将棋さすぞ！…あれ！？詰んでる！？

13 北海道地方の自然・農林水産業

北海道はとっても広いから, 広い土地を生かした畑作や稲作, 酪農がさかんだよ。
漁港もたくさんあって, 漁業もさかんなんだ。

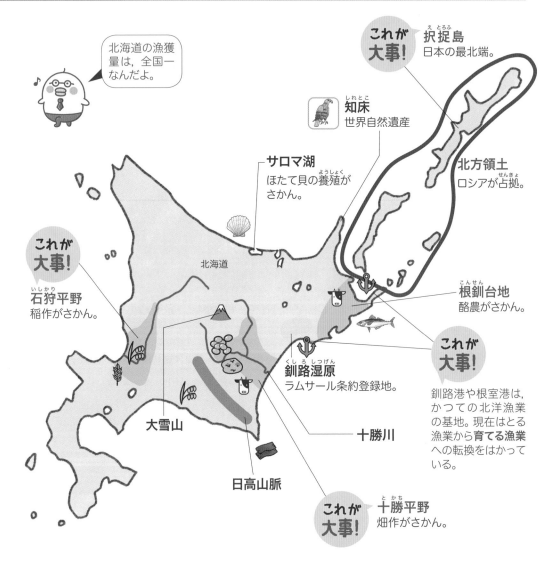

北海道の漁獲量は, 全国一なんだよ。

これが大事! 択捉島（えとろふ）
日本の最北端。

知床（しれとこ）
世界自然遺産

サロマ湖
ほたて貝の養殖（ようしょく）がさかん。

北方領土
ロシアが占拠（せんきょ）。

これが大事! 石狩平野（いしかり）
稲作がさかん。

北海道

根釧台地（こんせん）
酪農がさかん。

これが大事!

釧路港や根室港は, かつての北洋漁業の基地。現在はとる漁業から**育てる漁業**への転換をはかっている。

釧路湿原（くしろ しつげん）
ラムサール条約登録地。

大雪山

十勝川

日高山脈

これが大事! 十勝平野（とかち）
畑作がさかん。

①釧路港・根室港…とる漁業から育てる漁業へ

②択捉島…日本の最北端

③十勝平野…畑作がさかん

練習問題 →解答は別冊 p.15·16

1章 世界と日本の地域構成

2章 世界の人々の生活と環境

3章 世界の諸地域

4章 身近な地域の調査

5章 日本の地域的特色

6章 日本の諸地域

① 地図のA〜Dにあてはまる地形名を答えなさい。

A _____ 山脈

B _____ 台地

C _____ 湿原

D _____ 平野

地図

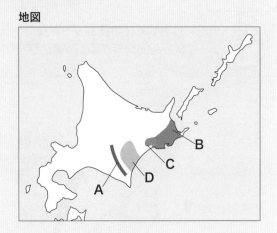

② 北海道地方の自然・農林水産業について,各問いに答えなさい。

(1) 日本の最北端にある島は何か,答えなさい。

_____

(2) 北海道の漁業は「とる漁業」からほたての養殖,うにやさけなどの栽培漁業などの何という漁業への転換が進められているか,答えなさい。

_____ 漁業

さ,さ,さ,さ,
寒い!!!

14 北海道地方の工業・文化

なぜ学ぶの？

北海道は農林水産業がさかんだから，それらを生かした食料品工業もさかんだよ。全国各地とつながる交通網が発達していることもおさえておこう。

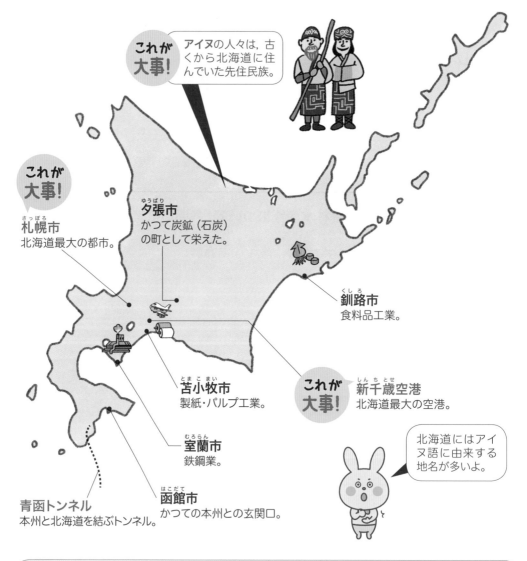

これが
大事！

アイヌの人々は，古くから北海道に住んでいた先住民族。

これが
大事！

札幌市（さっぽろ）
北海道最大の都市。

夕張市（ゆうばり）
かつて炭鉱（石炭）の町として栄えた。

釧路市（くしろ）
食料品工業。

苫小牧市（とまこまい）
製紙・パルプ工業。

これが
大事！

新千歳空港（しんちとせ）
北海道最大の空港。

室蘭市（むろらん）
鉄鋼業。

北海道にはアイヌ語に由来する地名が多いよ。

青函トンネル
本州と北海道を結ぶトンネル。

函館市（はこだて）
かつての本州との玄関口。

ゼッタイ！
これだけ

①**アイヌ**の人々…北海道の先住民族

②**札幌市**…北海道最大の都市。北海道庁所在地

③**新千歳空港**…北海道最大の空港

1章 世界と日本の地域構成

2章 世界の人々の生活と環境

3章 世界の諸地域

4章 身近な地域の調査

5章 日本の地域的特色

6章 日本の諸地域

練習問題 →解答は別冊 p.16

① 地図のAの都市名，Bの空港名，Cの海底トンネル名を答えなさい。

A _____ 市

B _____ 空港

C _____ トンネル

地図

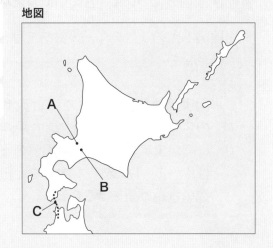

② 北海道地方の工業について，各問いに答えなさい。

(1) 苫小牧市で発達している工業を，次の**ア～ウ**から1つ選び，記号で答えなさい。

ア 金属工業　　**イ** 製紙・パルプ工業　　**ウ** 印刷工業

(2) 北海道でさかんな，地元の農・畜・水産物を原料とする工業を，次の**ア～ウ**から1つ選び，記号で答えなさい。

ア 食料品工業　　**イ** 伝統工業　　**ウ** 機械工業

雪まつりにオレの像出す！…で，どうやるの？

➡解答は別冊 p.16

おさらい問題

① **関東地方について，各問いに答えなさい。**

(1) **地図1**と次の文の①，②にあてはまる語を
書きなさい。

地図1

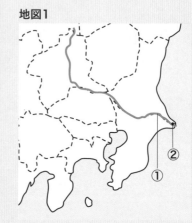

> 関東地方には，日本で一番流域面積
> の広い　①　が流れ，太平洋に注
> いでいます。　①　の河口のそばに
> は，　②　があり，いわしなど日本有
> 数の水揚げ量をほこります。

①

②

(2) 関東平野をおおっている赤土の火山灰土を何というか，答えなさい。

(3) 東京，横浜など大都市の気温が周辺より高くなる現象を何というか，答え
なさい。

(4) 明治政府が日本の近代化のために設立した官営模範工場で，2014年に世
界文化遺産に登録された製糸場は何か，答えなさい。

1章 世界と日本の地域構成

2章 世界の人々の生活と環境

3章 世界の諸地域

4章 身近な地域の調査

5章 日本の地域的特色

6章 日本の諸地域

❷ 東北地方，北海道について，各問いに答えなさい。

(1) **地図2のAにあてはまる世界自然遺産**は何か，答えなさい。

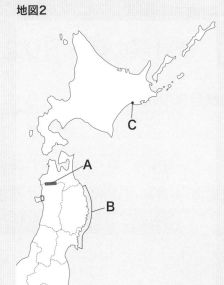

地図2

(2) **地図2のB海岸で養殖がさかんなもの**を，次の**ア〜ウ**から1つ選び，記号で答えなさい。

ア かき　**イ** 真珠（しんじゅ）　**ウ** はまち

(3) 次の文の①〜③にあてはまる語を選び，記号で答えなさい。

> 北海道は，① (**ア** 石狩（いしかり）平野・**イ** 庄内（しょうない）平野) で稲作が，② (**ア** 濃尾（のうび）平野・**イ** 十勝（とかち）平野) では畑作が，③ (**ア** シラス台地・**イ** 根釧（こんせん）台地) では酪農がさかんです。

①　　②　　③

(4) **地図2のCの，水産物を原料とした食料品工業がさかんな都市**を，次の**ア〜ウ**から1つ選び，記号で答えなさい。

ア 夕張市（ゆうばり）　**イ** 室蘭市（むろらん）　**ウ** 釧路市（くしろ）

最後までやれたぞ！
名乗っちゃおうかな
…天才って。

地理 グラフや資料の読み取り方

1 統計表の読み取りをマスターする！

●統計表の読み方

各項目の最大や最小の県や，
数値が他の県より多いか少ないかに注目しよう。

何を示した資料か，タイトルで確認！

北海道・東京都・愛知県・島根県の面積・人口・人口密度 (2019年)

単位を確認！

都道府県名	面積（km²）	人口（千人）	人口密度（人／km²）
北海道	78,421	5,250	66.9
東京都	2,194	13,921	6345.0
愛知県	5,173	7,552	1459.9
島根県	6,708	674	X

（日本国勢図会2020/21年版）

面積が最大➡北海道

人口が最大➡東京都

東京都は
北海道の
約95倍！

6344.7÷66.9＝94.838…

●表の数値を使って計算する

島根県の人口密度（人/km²）を，
人口÷面積で計算してごらん。

え～っと。674÷6708＝0.100……
あれっ！ 何か変だぞ。

島根県の人口は674人ではないよ。
人口の単位に注目。

都道府県名	面積(km²)	人口（千人）
島根県	6,708	674

人口：674X1000で674,000人

小数第2位を四捨五入
するよ。

人口密度：
674,000（人）÷6,708（km²）＝100.477…
➡約100.5（人/km²）

2 円グラフ・帯グラフの読み取りをマスターする！

●統計表の数値を2つのグラフであらわす

割合をあらわすときに使うよ。

実際の生産量が単位

統計表 りんごの生産量 (t)	
（2018年）	
県名	生産量
青森県	445,500
長野県	142,200
岩手県	47,300
山形県	41,300
全国	756,100

（日本国勢図会2020/21年版）

割合（%）は,
各県の生産量÷全国の生産量×100
で計算できる。

割合が単位

円グラフ りんごの生産量割合 (%)

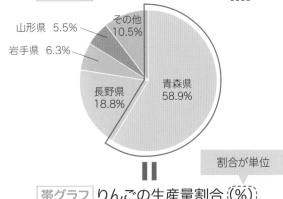

その他 10.5%
山形県 5.5%
岩手県 6.3%
長野県 18.8%
青森県 58.9%

割合が単位

帯グラフ りんごの生産量割合 (%)

青森県 58.9%　長野県 18.8%　その他 10.5%

岩手県 6.3%　山形県 5.5%

●割合をあらわすグラフの注意点

日本の発電エネルギー別割合の変化

水力発電の発電量は
増えているかな？
減っているかな？

新エネルギー 0.3

2000年度
10,915億kWh
水力 8.9%　火力 61.3　原子力 29.5

新エネルギー 2.4

2017年度
10,073億kWh
水力 8.9%　火力 85.5

原子力 3.1

（日本国勢図会2020/21年版）

グラフの幅が同じだから,
変わっていないと思います。 ✕

割合をあらわすグラフでは実際の量に注意！

[2000年度の水力発電量]
10,915（億kWh）× 0.089＝約971（億kWh）
↓
[2017年度の水力発電量]
10,073（億kWh）× 0.089＝約896（億kWh）
➡割合は同じだが発電量は減っている。

実際の量もあわせてあらわしたグラフ

2000年度　水力　火力　原子力

2017年度　水力　火力　原子力

0　2000　4000　6000　8000　10000　12000
（億kWh）

3 棒グラフ・折れ線グラフの読み取りをマスターする！

●棒グラフで項目を比べる

量がわかりやすいのが棒グラフ，
年による変化がわかりやすいのが折れ線グラフだよ。

人口の多い国上位10

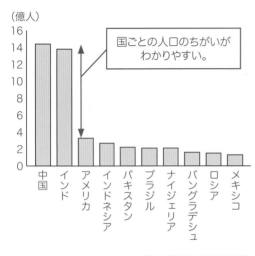

国ごとの人口のちがいが
わかりやすい。

（日本国勢図会2020/21年版）

日本の人口の変化

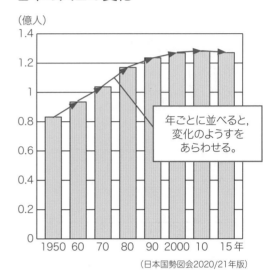

年ごとに並べると，
変化のようすを
あらわせる。

（日本国勢図会2020/21年版）

●折れ線グラフで変化の傾向をつかむ

項目がたくさんあるので，
グラフをなぞってどの項目の
グラフか確認しよう。

日本の漁業種別生産量の推移

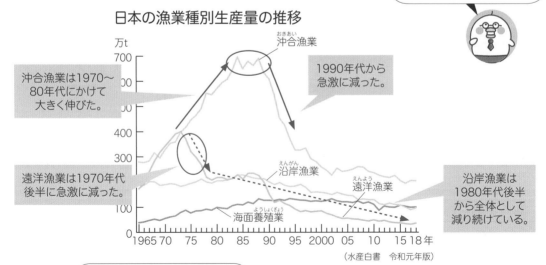

沖合漁業は1970〜
80年代にかけて
大きく伸びた。

1990年代から
急激に減った。

遠洋漁業は1970年代
後半に急激に減った。

沿岸漁業は
1980年代後半
から全体として
減り続けている。

（水産白書　令和元年版）

年ごとの細かい数値を読み取る
よりも，おおまかにようすを
みるのがポイントですね！

なぜこのような大きな
変化が起きたのかな？

4 気温と降水量のグラフの読み取りをマスターする！

気温と降水量のグラフは，気温の高低と降水量の多少に注目。

気温…その月の平均気温
降水量…その月の降水量の合計 } であらわすことが多い。

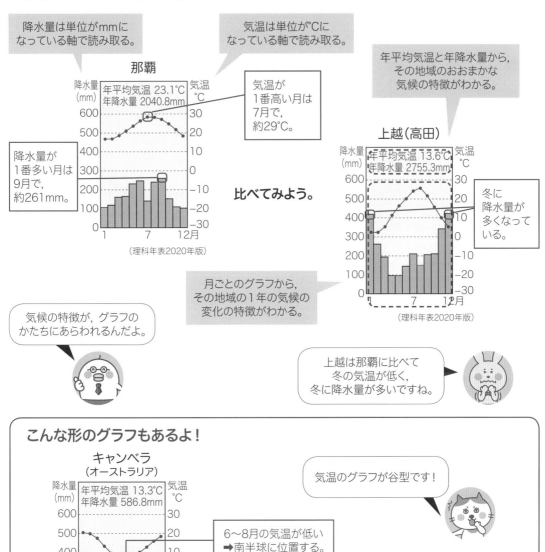

降水量は単位がmmに
なっている軸で読み取る。

気温は単位が℃に
なっている軸で読み取る。

年平均気温と年降水量から，
その地域のおおまかな
気候の特徴がわかる。

那覇

降水量
(mm)
年平均気温 23.1℃
年降水量 2040.8mm
気温
℃

気温が
1番高い月は
7月で，
約29℃。

降水量が
1番多い月は
9月で，
約261mm。

（理科年表2020年版）

比べてみよう。

上越（高田）

降水量
(mm)
年平均気温 13.6℃
年降水量 2755.3mm
気温
℃

冬に
降水量が
多くなって
いる。

月ごとのグラフから，
その地域の1年の気候の
変化の特徴がわかる。

（理科年表2020年版）

気候の特徴が，グラフの
かたちにあらわれるんだよ。

上越は那覇に比べて
冬の気温が低く，
冬に降水量が多いですね。

こんな形のグラフもあるよ！

キャンベラ
（オーストラリア）

降水量
(mm)
年平均気温 13.3℃
年降水量 586.8mm
気温
℃

気温のグラフが谷型です！

6〜8月の気温が低い
➡南半球に位置する。

日本とは季節が
逆になっているのが，
グラフからわかるんだよ。

（理科年表2020年版）

まとめてチェック！
重要キーワード

この本にでてきた大切な用語を，テーマ別に手早くチェックできる！

▶緯度・経度・時差

赤道	**0度の緯線**。緯度をはかる基準となる。
緯線	**赤道**を基準に南北各90度に分けたもの。
経線	**本初子午線**を基準に東西各180度に分けたもの。
日付変更線	180度の経線にほぼ沿って引かれている線。
本初子午線	イギリスの首都**ロンドン**を通る0度の経線。
ロンドン	世界標準時の基準である**本初子午線**が通る都市。
兵庫県明石市	日本の**標準時子午線**である**東経135度**の経線が通る市。

▶気候・宗教

熱帯	年中高温である。赤道周辺に分布している。
乾燥帯	1年を通して，降水量が少ない。
温帯	四季の変化があり，温暖で適度な降水量がある。
冷帯（亜寒帯）	北半球の高緯度地域などに広がり，夏と冬の気温差が大きい。
寒帯	北極海周辺や南極大陸に広がり，年中低温。
やませ	夏に吹く冷たい北東風。冷害を起こすこともある。
仏教	インドが起源で，アジアを中心に信仰されている宗教。
キリスト教	ヨーロッパやアメリカを中心に世界中で広く信仰されている宗教。
イスラム教	西アジアや北アフリカで多く信仰されている宗教。
ヒンドゥー教	インドで伝統的に信仰されている宗教。

▶人口

少子高齢化	総人口に占める子どもの割合が小さく，高齢者の割合が大きくなること。
過密	人口や産業が集中している状態。
過疎	人口が減り，高齢化が進み，地域の産業が衰えている状態。
三大都市圏	東京・大阪・名古屋を中心とする都市圏。人口が集中。

▶農業

混合農業	家畜の飼育と，農作物の栽培を組み合わせた農業。
地中海式農業	夏はぶどうやオリーブ，冬は小麦などを栽培する農業。
近郊農業	都市の周辺地域で，大都市向けの生産を行う農業。
促成栽培	野菜の出荷時期を早める栽培方法。
抑制栽培	野菜の出荷時期を遅らせる栽培方法。
酪農	広い牧草地で乳牛を飼育し，牛乳，バターなどを生産する。
畜産	牛，豚，鶏などを飼育する。

▶水産業

養殖漁業	魚，貝，海藻などを大きくなるまで人工的に育てて出荷する漁業。
栽培漁業	卵からふ化させた稚魚などを川や海に放流して，大きくなってからとる漁業。
育てる漁業	養殖漁業や栽培漁業のこと。
沿岸漁業	海岸近くの海で行う漁業。
沖合漁業	沖合の漁場で行う漁業。
遠洋漁業	遠くの漁場で，数か月にわたって行う漁業。
潮目〔潮境〕	寒流と暖流が出合い，好漁場となる。三陸海岸沖など。

▶工業

サンベルト	**アメリカ合衆国南部**に広がる地域。航空宇宙産業などが発展。
シリコンバレー	**アメリカ合衆国西部**の半導体産業の盛んな地域。
中京工業地帯	**自動車工業**が盛んで，日本で最も出荷額が多い。
京浜工業地帯	**印刷業**が発達していて，**機械工業**の割合が大きい。
阪神工業地帯	他の工業地帯と比べて**金属工業**の割合が大きい。
太平洋ベルト	日本の工業地帯・工業地域が連なる地域。
ＩＣ〔集積回路〕	コンピュータなどに使用される電子回路。

▶交通

成田国際空港	**千葉県**にある国際空港。貿易額も多い。
東京国際空港(羽田空港)	**東京都**にある空港。
新千歳空港	**北海道**の空の玄関。羽田便が多い。
青函トンネル	**北海道と本州**を結ぶ海底トンネル。
瀬戸大橋	**本州四国連絡橋**のひとつ。岡山県–香川県ルートにかかる橋。

▶地形図の見方・地形

縮尺	地図上で，実際の距離を縮めた割合。
等高線	同じ高さのところを結んだ線。
扇状地	川が山地から平地に出たところにできる地形。
三角州	川の河口付近に土砂が堆積してできる地形。
リアス海岸	湾と岬とが複雑に入り組んだ海岸地形。

とってもやさしい

中学地理

これさえあれば

授業がわかる

改訂版

解答と
解説

旺文社

1章
世界と日本の地域構成

1 世界のすがた・いろいろな地図

➡ 本冊7ページ

❶ (1) A ユーラシア (大陸)
B 北アメリカ (大陸)
C オーストラリア (大陸)
D 南極 (大陸)

(2) ①ヨーロッパ (州)
②アジア (州)
③アフリカ (州)
④南アメリカ (州)

解説

(2) ①②最も大きな大陸の**ユーラシア大陸**は，**ヨーロッパ州**と**アジア州**とに分かれます。
③**アフリカ州**はほぼアフリカ大陸，④**南アメリカ州**はほぼ南アメリカ大陸の範囲です。

❷ メルカトル図法…オ
正距方位図法…ア, イ
モルワイデ図法…エ

解説

メルカトル図法は**航海図**など，正距方位図法は**航空図**など，モルワイデ図法は**分布図**などに利用されます。

2 緯度・経度と地球上の位置

➡ 本冊9ページ

❶ A 本初子午 (線) B 赤道
C 緯 (線) D 経 (線)

解説

Aの本初子午線を基準にして**東西に180度ずつ**に分けた，北極と南極を結ぶ線がDの経線です。
Bの赤道を基準にして**南北に90度ずつ**に分けてあらわすのがCの緯線です。

❷ ①ウ ②イ

解説

①赤道を基準に**北側**（地図上では上）を見て，北緯45度を読み取り，本初子午線を基準に**西側**を見て，西経120度を読み取ります。
②赤道を基準に**南側**（地図上では下）を見て，南緯30度を読み取り，**本初子午線**を基準に**東側**を見て，東経150度を読み取ります。

3 世界の国々

➡ 本冊11ページ

❶ (1) ロシア連邦 〔ロシア〕

(2) 中華人民共和国 〔中国〕

解説

(1) **1位がロシア**，2位がカナダ，3位がアメリカ合衆国，4位が中国です。面積が世界で一番小さな国は，バチカン市国です。
(2) 人口が多い国は，**1位は中国**，2位がインド，3位がアメリカ合衆国です。

❷ A…② B…①
C…① D…②

解説

Aの国は**日本**，Bの国は**モンゴル**，Cの国は**アフガニスタン**，Dの国は**フィリピン**です。島国（海洋国）にはほかに，オセアニア州の**ニュージーランド**などがあり，内陸国にはほかに，アフリカ州の**中央アフリカ**などがあります。

4 日本の国土・領域

➡ 本冊13ページ

❶ (1) A 領空 B 領土 C 領海

(2) 200 (海里)

解説

(1) 国に属する陸地のことを領土といい，その**沿岸から12海里までの海を領海**といいます。領土と領海の上空を領空といいます。
(2) **排他的経済水域**とは海岸線から200海里内の領海を除いた海域のことです。沿岸国が**水産資源や鉱産資源を管理することができる海域**です。

② A ア　B ウ　C イ

解説
択捉島は北緯約46度, 南鳥島は東経約154度, 与那国島は東経約122度, 沖ノ鳥島は北緯約20度です。

5 日本と世界各国との時差
⇒ 本冊 15ページ

① (1) A 本初子午 (線)
　　　B 日付変更 (線)

　　(2) 東 (経) 135 (度)

解説
(1) イギリスのロンドンを通る0度の経線 (本初子午線) は世界の時刻の基準となります。

② (1) イ　(2) イ

解説
(1) 180度の経線に沿って引かれている日付変更線の西側から日付が変わっていくため, もっとも時刻が進んでいるのはイとなります。
(2) 標準時子午線は, 日本は東経135度, ロンドンは0度なので, 日本との経度の差は135度。経度差15度で1時間時差が生じるので135÷15＝9となり, 時差は9時間。日本の方が時刻が進んでいるので, 9時間時刻を遅らせます。

6 日本の地方区分と都道府県
⇒ 本冊 17ページ

① A 北海道 (地方)　B 東北 (地方)
　　C 関東 (地方)　D 中部 (地方)
　　E 近畿 (地方)　F 中国・四国 (地方)
　　G 九州 (地方)

② (1) 札幌 (市)　(2) 名古屋 (市)

解説
都道府県名と都道府県庁所在地名が異なる都道府県は注意して覚えておきましょう。ほかに, 神奈川県の横浜市, 石川県の金沢市, 香川県の高松市などがあります。

おさらい問題
⇒ 本冊 18・19ページ

① (1) 一番大きな大陸…B
　　　　一番大きな海洋…D

　　(2) ア

解説
(2) イは正距方位図法, ウはモルワイデ図法の説明です。

② (1) A 本初子午線　B 赤道

　　(2) ア

解説
(1) 本初子午線を基準にして東経・西経に分かれ, 赤道を基準にして北緯・南緯に分かれます。
(2) 赤道より北側にあるので北緯36度が該当し, 本初子午線より東側にあるので東経140度が該当します。

③ (1) 排他的経済水域

　　(2) ア 択捉島　イ 沖ノ鳥島

解説
(1) 国の領域は, 領土・領海・領空であらわされ, 水産資源や鉱産資源を沿岸国が管理できる海域を排他的経済水域といいます。
(2) 択捉島は北方領土に属しており, 日本固有の領土ですが, 現在, ロシア連邦が不法に占拠しています。

④ (1) 兵庫 (県) 明石 (市)

　　(2) 9月14日午前9時

解説
(1) 日本の標準時子午線は, 東経135度を基準としています。兵庫県明石市のほか, 京都府福知山市や和歌山県和歌山市などを通ります。
(2) 日本は東経135度, ロサンゼルスは西経120度を標準時子午線としています。東経と西経の時差を求めるには, 経度差を足すので,
135＋120＝255度
時差は,
255度÷15度＝17時間

3

となります。**日本のほうが時刻が進んでいるの**で，17時間時刻を遅らせます。

⑤ ア 宮城（県）仙台（市）
イ 愛知（県）名古屋（市）

【解説】
都道府県名と都道府県庁所在地名が異なる都道府県は18あります（東京都をのぞく）。

2章
世界の人々の生活と環境

1 世界の気候

→ 本冊21ページ

❶ (1) A 乾燥（帯）　B 冷〔亜寒〕（帯）
C 温（帯）　D 寒（帯）　E 熱（帯）

(2) 砂漠　(3) タイガ　(4) E

【解説】
(2) 乾燥帯は**降水量が少ないため植物が育ちにくく**，石や砂などからなる砂漠が広がっています。
(4) 熱帯は，赤道周辺に分布しており，**年中高温で年降水量が多くなっている**のが特徴です。

2 世界の宗教

→ 本冊23ページ

❶ A キリスト（教）　B 仏（教）
C イスラム（教）

【解説】
おもに，キリスト教は**ヨーロッパや南北アメリカ，オセアニア**，仏教は**東南アジアや東アジア**，イスラム教は**北アフリカ・西アジア・中央アジア・東南アジア**に広まっています。

❷ 仏教：人物―ア　経典―②
イスラム教：人物―ウ　経典―③
キリスト教：人物―イ　経典―①

【解説】
仏教→インド・シャカ（釈迦），キリスト教→イエス・『聖書（新約聖書）』，イスラム教→ムハンマド・『コーラン』のように，各宗教と関連することがらをセットで覚えましょう。

3 世界の人々の生活

→ 本冊25ページ

❶ A 熱（帯）　B 乾燥（帯）

解説

Aは**高床の家**で，暑さや雨・湿気にそなえた，**熱帯**に見られる伝統的な住居です。Bは**れんがの家**で，日差しにそなえた，**乾燥帯**に見られる住居です。

❷ ア B　イ A　ウ D　エ E
解説

イスラム教の女性の民族衣装は**チャドル**，インドの女性の民族衣装は**サリー**，インディオが身につける衣服は**ポンチョ**，朝鮮半島の女性の民族衣装は**チマ・チョゴリ**といいます。

おさらい問題

⇒ 本冊 26・27ページ

❶ (1) A オ　B ア　C ウ　D イ

　　(2) ① エ　② ウ

解説

(2) ①の**寒帯**は，一年の大半が雪と氷でおおわれ，**年中低温**であることが特徴です。②の**乾燥帯**は，**一年中降水量が少ない**ことが特徴です。

❷ (1) シャカ　(2) 聖書　(3) 豚

　　(4) 仏教:エ　キリスト教:ア　イスラム教:イ

解説

(1)(2) 仏教は**シャカ**，キリスト教は**イエス＝キリスト**，イスラム教は**ムハンマド**が開きました。経典は，仏教が**経**，キリスト教が**聖書**，イスラム教が**コーラン**です。

(3) イスラム教では**飲酒も禁止**されています。

(4) **ウ**のインドは，**ヒンドゥー教**を信仰する人が大半を占めています。

❸ (1) イグルー　(2) ゲル

　　(3) インディオ　(4) ア ②　イ ③

解説

(1) **A**の地域では，**イヌイット**とよばれる民族が暮らしています。寒い地域なので，狩りを行う冬は一時的に住む**雪や氷でつくられた住居**が見られました。

(2) **B**の地域では，**羊やヤギの遊牧**を行っています。遊牧していて移動に便利なので，**テント式の**

住居が見られます。

(3) **C**の地域では，**インディオ**とよばれる先住民族が暮らしています。**リャマ**や**アルパカ**の毛でポンチョなどがつくられています。

(4) **ア**のサリーは**インド**の女性の民族衣装，**イ**のチマ・チョゴリは**朝鮮半島**の女性の民族衣装です。

3章 世界の諸地域

1 東・東南アジア

→ 本冊 29ページ

❶ A 中華人民共和国（中国）
B 大韓民国（韓国）
C 黄河
D 長江

解説
C・D 北側を流れる**黄河**流域は畑作，南側を流れる**長江**流域は稲作がさかんです。

❷ (1) ウ　(2) ASEAN（東南アジア諸国連合）

解説
(1) 1年中気温が高い**東南アジア**では，稲作のほかにやし類の栽培がさかんです。**油やし**は，実からとれるパーム油が石けんの原料として使われます。

2 南・中央・西アジア

→ 本冊 31ページ

❶ A インド　B サウジアラビア
C ヒマラヤ山脈　D ペルシア湾

解説
C ヒマラヤ山脈はけわしい山地の連なるアルプス・ヒマラヤ造山帯に属しています。

❷ (1) 石油（原油）　(2) エ

解説
(2) **イスラム教**は**アラビア半島**でおこり，**西アジア**のほか，**中央アジア・南・東南アジア**でも多くの人々に信仰されています。
ウのヒンドゥー教はインドでおこり，インド国内に広まりました。

3 ヨーロッパ

→ 本冊 33ページ

❶ A イギリス　B ドイツ
C アルプス山脈　D 地中海

解説
C **アルプス山脈**は**ヨーロッパ**中央部を東西に横切る山脈で，周辺では酪農が行われています。
D **地中海**はユーラシア大陸とアフリカ大陸に囲まれた海で，沿岸では**地中海式農業**が行われています。

❷ (1) EU（ヨーロッパ連合）

(2) 混合（農業）

解説
(1) **EU（ヨーロッパ連合）**はヨーロッパの政治的・経済的な統合を目的とする機関です。
(2) 小麦などの食用作物やとうもろこしなどの飼料作物の栽培と，豚などの家畜の飼育とを組み合わせた農業を混合農業といい，**フランス**や**ドイツ**など**ヨーロッパ**の広い範囲で行われています。

4 アフリカ

→ 本冊 35ページ

❶ A エジプト　B ガーナ
C サハラ砂漠　D ナイル川

解説
C・D **サハラ砂漠**は世界最大の砂漠で，**ナイル川**は世界最長の川です。

❷ (1) ウ　(2) モノカルチャー経済

解説
(2) **アフリカ**は特定の農産物や鉱産資源の生産・輸出に頼る**モノカルチャー経済**の国が多く，天候や商品の価格に左右され，経済が不安定です。

おさらい問題

→ 本冊 36・37ページ

❶ (1) ①畑作　②稲作　(2) C

(1) 黄河流域では畑作，長江流域では稲作がさかんです。

❷ (1) ペルシア湾

(2) ＯＰＥＣ（石油輸出国機構）

解説

(2) ＯＰＥＣは，原油価格を左右する力があり，世界経済に大きな影響力をもっています。

❸ (1) ①ウ　②ア　③イ

(2) 偏西風

解説

(2) ヨーロッパは全体的に日本より緯度が高いですが，暖流の北大西洋海流と偏西風のおかげで，冬でも気候が温暖なのが特徴です。

❹ (1) イ　(2) プランテーション

解説

(1) ガーナではカカオ栽培をさかんに行い，輸出しています。

(2) プランテーション農業は，植民地時代にヨーロッパ人によって行われたのが始まりです。おもに熱帯の地域で行われています。

5 北アメリカ

➡ 本冊39ページ

❶ (1) A カナダ　B アメリカ合衆国（アメリカ）
C ロッキー山脈　D 五大湖
E ミシシッピ川　F メキシコ湾

(2) サンベルト

解説

(1) A・B　アメリカ合衆国の北に位置する国はカナダです。

E・F　ミシシッピ川はアメリカ合衆国の中部を南へ流れ，メキシコ湾に注ぎます。

(2) サンベルトは温暖で，人口が多いので労働力が得やすく，また土地が安かったことなどから1970年代以降先端技術産業などが進出しました。

❷ イ

解説

アメリカ合衆国の農業は広い土地での機械化された大規模農業です。気候や土壌に合った作物を栽培する適地適作が特徴で，農産物の輸出がさかんです。

6 中・南アメリカ

➡ 本冊41ページ

❶ A ブラジル　B アルゼンチン
C アンデス山脈　D アマゾン川

解説

C　アンデス山脈は**南アメリカ**大陸にある世界最長の山脈です。じゃがいもやとうもろこしの原産地で，インディオという先住民族が住んでいます。

D　アマゾン川は世界で一番流域面積の広い川です。流域には熱帯林が広がっていますが，開発による環境破壊が問題になっています。

❷ (1) エ　(2) セルバ

解説

(1) **ブラジル高原**は水はけのよい肥沃な土地で，コーヒー栽培に適しています。

7 オセアニア

➡ 本冊43ページ

❶ (1) A オーストラリア　B ニュージーランド
C グレートアーテジアン
（大鑽井）盆地
D グレートディバイディング山脈

(2) ①ウ　②ア　③イ

解説

(2) ①ボーキサイトは熱帯地方で産出される鉱産資源で，アルミニウムの原料です。オーストラリアでは北部の赤道に近い地域で多く産出されます。

③石炭は東部のグレートディバイディング山脈の東側で多く産出され，日本へも輸出されています。

②ウ

解説

オーストラリアの南東部や南西部で牧畜が発達しています。

おさらい問題

→ 本冊44・45ページ

❶ (1) 五大湖　(2) イ　(3) ヒスパニック

解説

(2) **サンベルトはアメリカ南部，西南部**の地域で，航空宇宙産業や先端技術産業が発展しています。

(3) **アメリカ**はさまざまな民族が住む多民族国家です。近年はヒスパニックが増加しています。

❷ (1) ①焼畑　②バイオ　③地球温暖

(2) インディオ　(3) ア

解説

(1) アマゾン川の流域に広がる熱帯林の伐採が，地球温暖化が進む原因の一つと考えられています。そのため，熱帯林の一部を保護地域に指定するなどの取り組みも行われています。

(3) じゃがいもやとうもろこしなどの作物は，**アンデス山脈**が原産地です。

❸ (1) A アボリジニ　B マオリ

(2) エ　(3) イ

解説

(2) **オーストラリア，ニュージーランド**は，かつて**イギリスの植民地**でした。そのため「ユニオンジャック」と呼ばれる**イギリスの国旗**が，それぞれの国旗の一部に使われています。

(3) オーストラリア東部の**グレートディバイディング山脈**の東側では石炭，北部ではボーキサイト，北西部では鉄鉱石が多く産出されます。

4章
身近な地域の調査

1 地図記号

→ 本冊47ページ

❶ (1) A 田〔水田〕　B 工場
　　 C 果樹園　D 広葉樹林

(2) ①イ　②ア　③ア

解説

(2) ①田の地図記号は‖です。稲をかりとったあとのようすを表しています。

②茶畑の地図記号は∴です。お茶の実を切ったときの断面図を表しています。

③高等学校の地図記号は⊗です。小・中学校の地図記号文を○で囲みます。方角もきちんとおさえておきましょう。

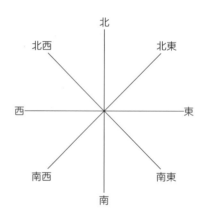

2 地形図の縮尺と等高線

→ 本冊49ページ

❶ (1) X　(2) ①ア　②ア　③イ

解説

(1) 地形図上において等高線の間隔が広いと傾きは**ゆるやか**です。逆に，間隔が狭いと傾きは**急**です。

(2) ③実際の距離＝地図上の長さ×縮尺の分母なので地図上の長さである2cmに縮尺の分母である25000をかけます。単位をそろえるこ

とに注意します。

おさらい問題

⇒ 本冊 50・51ページ

❶ (1) A 博物館・美術館
　　 B 荒地　C 針葉樹林

　 (2) X　(3) 摂津本山駅（せっつもとやまえき）

　 (4) ウ　(5) 325 (m)

解説
(2) **X**と**Y**を比べると**X**の方が等高線の間隔が狭
　 いので傾きは**急**です。
(3) JRの路線は他の鉄道線と表し方が違います。
(4) **ア**　川は高い方から低い方へ流れます。地図
　 の北側は山地になっているので，北から南に
　 向かって流れていることがわかります。
　　 イ　駅と駅の間には神社の地図記号〒はあり
　 ません。
　　 ウ　高等学校の地図記号には文に〇がついて
　 います。
　　 エ　郵便局の地図記号は〒です。
(5) 地図上の長さである1.3cmに縮尺の分母であ
　 る25000をかけます。単位をそろえることに
　 注意します。

❷ (1) ウ　(2) ①ア　②ア

解説
(1) **ア・イ**　地形図からは人口や漁獲量のような統
　 計数値は読み取れません。
　　 ウ　地形図を見比べると**地図2**で埋立地が増
　 えていることや建物が増えていることがわかり，
　 地形の変化のようすが読み取れます。
(2) ①川沿いには の地図記号が見られます。
　　 ②埋立地の北西部に文の地図記号が見られま
　 す。

5章
日本の地域的特色

1 日本の地形

⇒ 本冊 53ページ

❶ (1) ①奥羽山脈（おうう）　②飛騨山脈（ひだ）
　　 ③信濃川（しなの）　④利根川（とね）

　 (2) 環太平洋造山帯（かんたいへいよう）

解説
(2) **環太平洋造山帯**は太平洋を取り囲むようにの
　 びており日本列島や北アメリカ大陸のロッキ
　 ー山脈や南アメリカ大陸のアンデス山脈など
　 がふくまれます。

❷ (1) イ　(2) ウ

解説
(1) **ア**　**扇状地**（せんじょうち）は川が山地から平地に出た付近に
　 土砂（どしゃ）が堆積（たいせき）してつくられた地形で，水はけがよ
　 く果樹栽培などに利用されています。
　　 イ　川の河口付近に土砂が堆積してつくられ
　 た地形を**三角州**（さんかくす）といいます。
　　 ウ　のこぎりの歯のように入り組んだ海岸をリ
　 アス海岸といいます。
　　 エ　深さ約200mまでの斜面がゆるやかな海
　 底のことを大陸棚（だな）といいます。

2 日本の気候・自然災害

⇒ 本冊 55ページ

❶ (1) A 日本海側の気候
　　 B 太平洋側の気候
　　 C 瀬戸内の気候（せとうち）
　　 D 南西諸島の気候

　 (2) ①親潮〔千島海流〕
　　　 ②黒潮〔日本海流〕

　 (3) 季節風〔モンスーン〕

(1) 日本の気候は北海道・中央部・南西諸島の気候に大きく分けられます。日本の中央部の気候は**日本海側・太平洋側・中央高地・瀬戸内**の気候に分けられます。

(2) **親潮**〔千島海流〕と**リマン海流**は海水温の低い寒流です。**黒潮**〔日本海流〕と**対馬海流**は海水温の高い暖流です。

(3) 冬の北西からの季節風は日本海側に多量の雨（雪）をもたらします。

❷ 地震

3 日本の人口

➡ 本冊 57ページ

❶ (1) A 富士山型　B つりがね型
　　　C つぼ型

　　(2) C

【解説】

(2) 日本の人口ピラミッドは現在**つぼ型**で、少子高齢化が進んでいます。

❷ (1) ア　(2) 過密

【解説】

(2) 都市部に人口が集中することを**過密**といい、交通渋滞やごみ問題などが深刻です。一方、著しく人口が減少することを**過疎**といい、高齢化が進み学校や病院などの公共施設が廃止される問題が発生しています。

4 日本の資源・エネルギー

➡ 本冊 59ページ

❶ (1) 原油〔石油〕

　　(2) ア, ウ（順不同）

【解説】

(1) 原油はサウジアラビアなどペルシア湾岸が最大の埋蔵地です。

❷ (1) A 火力（発電所）　B 水力（発電所）
　　　C 原子力（発電所）

(2) 再生可能エネルギー

【解説】

(1) **A　火力発電所**は工業地帯や大都市に近い、海沿いに多く立地しています。

　　B　水力発電所は山間部に多く立地しています。

　　C　原子力発電所は冷却水を得やすい、海沿いに立地しています。

(2) 太陽光や風力、地熱などくり返し利用できる**再生可能エネルギー**が注目されています。

5 日本の交通網

➡ 本冊 61ページ

❶ (1) A 北海道新幹線
　　　B 東海道新幹線
　　　C 北陸新幹線

　　(2) D 東名高速道路
　　　E 名神高速道路
　　　F 中国自動車道

【解説】

(1) **北海道新幹線**は2016年開業で、**東北新幹線**と直通運転を行っています。**北陸新幹線**は、1997年の開通当初は長野新幹線とよばれていましたが、2015年の長野－金沢駅間開通により北陸新幹線とよばれるようになりました。

(2) **東名高速道路**は東京から愛知を、**名神高速道路**は愛知から兵庫までをむすんでいます。**東名**、**名神**は、**東京**、**名古屋**、**神戸**のことを指します。**中国自動車道**は中国地方の中央部をとおる高速道路です。

❷ ①ア　②イ

【解説】

1965年度は鉄道が輸送の中心でしたが、現在は、貨物輸送も人の輸送も自動車による輸送が中心になっています。

おさらい問題

➡ 本冊 62・63ページ

❶ (1) リアス（海岸）　(2) 飛驒（山脈）

　　(3) 扇状地

解説

(3) 扇状地は川が山地から平地に出た付近に土砂が堆積してつくられた地形です。

❷ (1) イ　(2) ①イ　②ア

解説

(1)(2) 中央高地は季節風の影響を受けにくいため，年中降水量が少なく，夏と冬の気温差が大きいのが特徴です。瀬戸内は同じく季節風の影響を受けにくく，年中温暖で降水量が少ないです。

❸ (1) 少子高齢化　(2) 過疎

解説

(1) この図は，年少人口の割合が少なく，高齢者人口の割合が多い少子高齢化が進んだ国の，**つぼ型**の人口ピラミッドです。日本の人口ピラミッドは現在このかたちをしています。

❹ (1) 水力発電所　(2) オーストラリア

解説

(2) 日本は石炭のほかに鉄鉱石も，おもに**オーストラリア**から輸入しています。

❺ (1) ①北陸自動車道
　　②中央自動車道

(2) 鉄道

解説

(1) **北陸自動車道**は北陸地方をとおる高速道路で，新潟県と滋賀県をむすんでいます。略称は北陸道です。
中央自動車道は東京と山梨県・長野県・愛知県をむすんでいます。略称は中央道です。

(2) 国内の輸送の割合は高速道路などの発達により鉄道から自動車が中心になりました。

---

6 日本の農業

➡ 本冊 65ページ

❶ (1) A 酪農　B 稲作　C 畜産　(2) ウ

(3) 促成（栽培）　(4) 近郊（農業）

解説

(1)A 根釧台地は広い土地を利用して**酪農**がさかんです。

B 越後平野や庄内平野など東北や北陸の平野では**稲作**がさかんです。

C シラス台地を中心に鹿児島県や宮崎県では**畜産**がさかんです。

(2) 和歌山県や愛媛県，静岡県では温暖な気候や日当りのよさを利用してみかんの生産がさかんです。

(3) 作物の生育を早めて出荷する栽培は**促成栽培**です。逆に，野菜の生育を遅らせ，出荷時期をずらして栽培する方法を**抑制栽培**といいます。

---

7 日本の水産業

➡ 本冊 67ページ

❶ (1) A 焼津港　B 銚子港　C 釧路港

(2) 潮目〔潮境〕

解説

(2) **親潮**〔千島海流〕と**黒潮**〔日本海流〕がぶつかる場所を潮目〔潮境〕といい，魚のえさとなるプランクトンが豊富で魚の種類が多く好漁場となっています。

❷ (1) 沖合（漁業）　(2) 栽培（漁業）

解説

(2) 漁獲量が減少するなか，安定した収穫のために「とる漁業」から「育てる漁業」である養殖漁業や栽培漁業へ重点が移りつつあります。

---

8 日本の工業・第3次産業

➡ 本冊 69ページ

❶ (1) A 京浜工業地帯
　　B 中京工業地帯
　　C 阪神工業地帯
　　D 北九州工業地域

(2) 太平洋ベルト

解説

(1)A 京浜工業地帯は首都東京があり，情報発信の中心地なので，印刷やそれに関連する工業の割合が高いという特徴があります。

B　中京工業地帯は自動車工業がさかんな愛知県が中心的存在で，機械工業の割合が高いという特徴があります。

❷ イ

解説

イの建設業はものをつくる産業で鉱業や工業と同じ第2次産業に含まれます。

9 日本の貿易

➡ 本冊 71ページ

❶（1）ウ　（2）自動車

（3）ア，エ（順不同）

（4）イ

解説

（1）（2）日本は機械類を中心にさまざまな品目の貿易を行っています。

おさらい問題

➡ 本冊 72・73ページ

❶（1）エ　（2）7（割）

解説

（1）中央高地では，夏でも涼しい気候を利用して，キャベツやレタスなどの高原野菜の生育を遅らせ，出荷時期をずらして栽培する抑制栽培がさかんです。

（2）農業は，若い人の農業離れが進み，高齢化が進んでいます。

❷（1）遠洋漁業　（2）養殖漁業

（3）①ウ　②ア

解説

（1）遠洋漁業は日本から離れた海で数か月にわたって行う漁業です。排他的経済水域が設けられたため，漁獲量は減少しています。

（2）（3）養殖漁業は人工の池や網で囲った海で大きくなるまで人工的に育てて出荷する漁業です。日本はとる漁業からこのような育てる漁業に転換しつつあります。

❸（1）自動車工業　（2）（第）3（次産業）

解説

（1）中京工業地帯では自動車工業がさかんです。トヨタ自動車の本社などがあります。

❹ ①イ　②エ　③カ

解説

このグラフは日本の輸出品の割合を示すものです。日本は機械類を中心とした工業製品が貿易の中核をなしており，機械類は輸出入ともにトップです。輸入品の第2・3位は日本ではほとんど産出されない石油・液化ガスなので，輸出入品のグラフが判別できます。

6章 日本の諸地域

1 九州地方の自然・農林水産業

⇒ 本冊 75ページ

❶ (1) A 有明 (海)　B 筑紫 (平野)
　　C 阿蘇 (山)　D 沖縄 (島)

　(2) 九州 (山地)

解説

(1) A・B　有明海ではのりの栽培が，筑紫平野では稲作がそれぞれさかんです。

❷ (1) 促成 (栽培)　(2) エ

解説

(1) 宮崎県は冬でも温暖なのでその気候をいかし，出荷時期を早める**促成栽培**がさかんです。

2 九州地方の工業・文化

⇒ 本冊 77ページ

❶ (1) 北九州工業地域

　(2) 環境モデル都市　(3) イ

解説

(1) 北九州工業地域は明治時代に中国からの鉄鉱石や筑豊炭田の石炭などの資源をいかして設立された八幡製鉄所を基盤に，鉄鋼業を中心に発達しました。現在その地位は低下しています。

❷ 沖縄 (県)

解説

沖縄県は第二次世界大戦後しばらくの間アメリカの統治下にあったので，米軍基地が今でも多く残っています。

3 中国・四国地方の自然・農林水産業

⇒ 本冊 79ページ

❶ A 中国 (山地)　B 瀬戸内 (海)
　C 鳥取 (砂丘)　D 高知 (平野)

解説

A　中国山地・四国山地と，季節風の影響で日本海側の気候は冬に雪が多く，瀬戸内の気候は1年を通して雨が少なく，太平洋側の気候は夏に雨が多いです。

❷ (1) イ　(2) 養殖 (漁業)

解説

(1) ア　みかんなどの果樹栽培は四国地方では愛媛県で特にさかんです。
　ウ　乾燥した土地の農地化は鳥取砂丘で行われています。

4 中国・四国地方の工業・文化

⇒ 本冊 81ページ

❶ A 瀬戸内 (工業地域)　B 石見銀山 (遺跡)
　C 原爆ドーム　D 瀬戸大橋

解説

D　本州と四国を結ぶ3つのルート，瀬戸大橋 (児島–坂出ルート)，**大鳴門橋**など (神戸–鳴門ルート)，**しまなみ海道** (尾道–今治ルート) を覚えておきましょう。

❷ (1) ア　(2) 水島 (地区)

解説

(1)(2) 瀬戸内海は海上輸送に便利なことから工業が発達しました。**倉敷市水島地区**には，大規模な製鉄所や石油化学コンビナートがあり金属工業・化学工業が発達し瀬戸内工業地域の特徴の1つとなっています。

5 近畿地方の自然・農林水産業

⇒ 本冊 83ページ

❶ A 淀川　B 紀伊山地
　C 淡路島　D 琵琶湖

解説

A・D　日本一大きな湖・琵琶湖は近畿地方の水がめといわれ，水道水や工業用水などに使われ

ています。**琵琶湖**から流れ出た川は瀬田川（滋賀県）→宇治川（京都府）→**淀川**（大阪府）と名を変え大阪湾に注ぎます。

2 (1) ア　(2) ウ

【解説】
(1) **イ**　**近郊農業**は大都市である大阪市近郊の大阪平野で発達しています。
　　ウ　高原野菜の栽培は中部地方の長野県などでさかんです。

6　近畿地方の工業・文化

⇒ 本冊85ページ

1 エ

【解説】
アの**よさこい祭り**は高知の祭り，**イ**の**くんち**は長崎などの祭り，**ウ**の**阿波踊り**は徳島の祭りです。

2 (1) ①ア　②ア　(2) 関西国際（空港）
　　(3) 四日市（市）

【解説】
(1) **阪神工業地帯**は大阪湾の臨海部を中心に広がっています。金属工業がさかんです。金属・機械工業と化学工業を合わせて重化学工業といいます。
(2) 大阪湾を埋め立ててつくった空港は**関西国際空港**で24時間の発着が可能になっています。

7　中部地方の自然・農林水産業

⇒ 本冊87ページ

1 A 飛驒（山脈）　B 越後（平野）
　　C 甲府（盆地）　D 木曽（山脈）

【解説】
A・D　**飛驒山脈**，**木曽山脈**，**赤石山脈**は高い山が連なり，まとめて「**日本の屋根**」や「**日本アルプス**」とよばれています。

2 (1) イ　(2) 静岡県

【解説】
(1) **ア**　扇状地が発達していてぶどう・ももなどの果樹栽培がさかんなのは**甲府盆地**です。
　　ウ　中部地方で遠洋漁業の基地があるのは，

太平洋側の静岡県の**焼津港**です。
エ　涼しい気候で高原野菜（レタス・キャベツなど）の**抑制栽培**がさかんなのは，長野県などの中央高地です。

8　中部地方の工業・文化

⇒ 本冊89ページ

1 (1) A 中京工業地帯　B 東海工業地域
　　(2) ウ　(3) C ア　D オ　E ウ

【解説】
(2) **ア**　中部地方の伝統産業は豪雪地帯の日本海側の県でさかんです。
　　イ　富士山ろくの豊富な地下水などを利用して製紙・パルプ工業がさかんな静岡県は**東海工業地域**に含まれます。楽器・オートバイの製造もさかんです。
(3) **C**の新潟県小千谷市では織物の小千谷縮，**D**の石川県輪島市では漆器の輪島塗，**E**の石川県金沢市では染物の加賀友禅を生産しています。**イ**の信楽焼は滋賀県甲賀市信楽町，**エ**の備前焼は岡山県備前市，**カ**の清水焼は京都府京都市の伝統的工芸品です。

おさらい問題

⇒ 本冊90・91ページ

1 (1) シラス台地　(2) 二毛作
　　(3) 首里城跡　(4) ①ア　②エ
　　(5) しまなみ海道

【解説】
(1) 九州南部には火山灰が積もったシラス台地が分布しているので，稲作に不向きで畜産や畑作がさかんになっています。
(4) 瀬戸内は季節風の影響を受けにくく，年中降水量が少ないので，**ため池**がつくられています。
(5) 広島県の尾道と愛媛県の今治を結ぶ**しまなみ海道**には歩道も整備されており，徒歩や自転車で渡ることができます。

2 (1) ①ア　②イ　(2) 姫路城・兵庫県
　　(3) ウ　(4) 東海（工業地域）

(5) 白川郷
しらかわごう

解説

(2) Bの都市は兵庫県南部の沿岸に位置する姫路
市です。姫路市には白壁の美しい姫路城があ
り，世界文化遺産に登録されています。

(3) Cの**中央高地**の八ヶ岳山ろくや浅間山山ろく
では夏でも涼しい気候を利用したレタスやキャ
ベツなどの抑制栽培がさかんです。

9 関東地方の自然・農林水産業

⇒ 本冊 93ページ

❶ A 関東（平野） B 利根（川）
とね
C 房総（半島） D 関東（山地）
ぼうそう
E 東京（湾）
わん

解説

A・C 日本一広い平野は関東平野で，関東平野で
いちばん大きい半島が**房総半島**です。関東平
野では**近郊農業**がさかんです。
きんこう

B 利根川は日本でもっとも流域面積が広く，日本
で2番目に長い川で，下流域では稲作がさかん
です。

❷ (1) 近郊農業 (2) 銚子（港）
きんこう   ちょうし

(3)（例）涼しい気候

解説

(3) 浅間山の山ろくでは夏でも涼しい気候を利用
あさま   すず
してキャベツなどの抑制栽培がさかんです。
よくせい

10 関東地方の工業・文化

⇒ 本冊 95ページ

❶ (1) A 北関東工業地域
B 京葉工業地域
C 京浜工業地帯
D 成田国際空港
E 東京国際〔羽田〕空港

(2) ア

解説

(1) **A・B・C** 東京・横浜の臨海部に**京浜工業地帯**
けいひん
が，千葉県の臨海部には**京葉工業地域**が発達。
けいよう
内陸にむかって**北関東工業地域**が発達しまし
た。

(2) 首都東京は日本の政治・経済・文化の中心なの
で情報が集中し，新聞社や出版社が多く印刷
工業が発達しました。

11 東北地方の自然・農林水産業

⇒ 本冊 97ページ

❶ A 奥羽山脈 B 最上川
おうう   もがみ
C 三陸海岸 D 庄内平野
しょうない

解説

A 東北地方の中央を南北に走っているのは**奥羽**
おうう
山脈で，奥羽山脈を境に，日本海側と太平洋側の
気候に分かれます。

❷ (1) ウ (2) やませ

解説

(1) 東北地方の川沿いの平野では水を得やすいた
め稲作が発達し，各地で銘柄米が作られてい
めいがら
ます。

12 東北地方の工業・文化

⇒ 本冊 99ページ

❶ (1) 東北新幹線

(2) ①岩手県 ②山形県 ③青森県

(3) ①ウ ②イ ③ア

解説

(2) 江戸時代に特産品として東北地方の各地で**伝**
統的工芸品がつくられ，伝統産業が発達しま
した。

13 北海道地方の自然・農林水産業

⇒ 本冊 101ページ

❶ A 日高（山脈） B 根釧（台地）
ひだか   こんせん
C 釧路（湿原） D 十勝（平野）
くしろ   とかち

解説

D 十勝平野では大規模な農業が行われていて酪
とかち
農・畑作がさかんです。

❷ (1) 択捉島 (2) 育てる（漁業）
えとろふ

解説

(2) かつてはオホーツク海や北太平洋での北洋漁

業がさかんでしたが，排他的経済水域の設定などにより衰退し，育てる漁業に転換しました。

14 北海道地方の工業・文化

→ 本冊 103ページ

❶ A 札幌（市）　B 新千歳（空港）
C 青函（トンネル）

解説

A　札幌市は北海道最大の都市で政令指定都市になっています。
B　新千歳空港は全国各地と結ばれています。2020年に運営が民営化されました。

❷ (1) イ　(2) ア

解説

(1) 製紙・パルプ工業は木材が原料です。北海道は自然が豊かで木材も豊富だったので自然と結びついた工業が発達しています。
(2) 札幌市のビール・帯広市の乳製品など地元の豊かな農・畜・水産物を生かした食料品工業がさかんです。

おさらい問題

→ 本冊 104・105ページ

❶ (1) ①利根川　②銚子港

(2) 関東ローム

(3) ヒートアイランド現象

(4) 富岡製糸場

解説

(2) 富士山や浅間山などから噴出した火山灰が堆積してできた赤土の層が関東ロームです。

❷ (1) 白神山地　(2) ア

(3) ①ア　②イ　③イ　(4) ウ

解説

(2) 三陸海岸は奥行きのある湾と岬が連続するリアス海岸で，かきやわかめなどが養殖されています。**イ**の真珠の養殖は英虞湾（三重県）などで，**ウ**のはまちの養殖は瀬戸内海でさかんです。

(3) ①**イ**の庄内平野は東北地方の平野です。
②**ア**の濃尾平野は中部地方の平野です。
③**ア**のシラス台地は九州地方の台地です。
(4) **ウ**の釧路市は水産業がさかんなので，水揚げされた水産物を加工する食料品工業もさかんです。